선우명수필선 19

외로울 땐 편지를

국립중앙도서관 출판예정도서목록(CIP)

외로울 땐 편지를 : 이경희 수필선 / 지은이: 이경희. -- 서울 : 선우미디어, 2014
  p. ; cm. -- (선우명수필선 ; 19)

"이경희 연보" 수록
ISBN 978-89-5658-375-4 04810 : ₩5000

한국 현대 수필[韓國現代隨筆]

814.7-KDC5
895.745-DDC21 CIP2014023435

선우명수필선·19

외로울 땐 편지를

1판 1쇄 발행 | 2001년 3월 20일
2판 1쇄 발행 | 2014년 8월 20일

지은이 | 이경희
발행인 | 이선우
펴낸곳 | 도서출판 선우미디어
    등록 | 1997. 8. 7 제 305-2014-000020호
    130-100서울특별시 동대문구 장한로12길 40, 101동 203호
    (장안동 우성3차아파트)
    ☎ 2272-3351, 3352 팩스: 2272-5540
    sunwoome@hanmail.net

Printed in Korea ⓒ 2014. 이경희

값 5,000원

※ 잘못된 책은 바꿔 드립니다.
※ 저자와의 협의하에 인지 생략합니다.

ISBN 978 89-5658-375-4 04810
ISBN 978-89-5658-188-6(세트)

선우명수필선 19

외로울 땐 편지를

이경희 수필선

머리말

'외로울 땐 편지를' 씁니다. 나의 사랑하는 사람들에게 보내고 싶은 편지입니다.

혼자 있어서 외로운 것은 아닙니다. 하고 싶은 이야기들이 가슴에 차 있을 때 나는 외로움을 느낍니다.

나의 수필은 외로울 때 쓴 편지들입니다. 쓰긴 했어도 부치지 못한 편지들입니다.

오래간만에 '편지'들을 한데 묶어 봅니다. 나의 사랑하는 많은 사람들에게 보내기 위해서입니다. 아주 오래 전에 쓴 편지도 다시 한 번 띄웁니다. 누렇게 변색된 옛 사진들을 들여다볼 때처럼 옛 편지 속에는 나의 추억들이 있어서 애정이 갑니다. 여행지에서 쓴 오래전의 편지들도 그래서 함께 띄웁니다.

돌이켜보면 그동안 꽤나 많은 편지를 썼습니다. 무척이나 외로웠던 모양입니다.

이제 이 편지들을 띄우게 되면 당분간 나는 외로움에서 벗어날 수 있게 될 것입니다.

1997년, 초판에 띄우지 못한 편지들을 재판을 기회로 마저 띄우려 합니다. 이제 와서 그 편지들도 읽고 싶은 마음이 불현듯 든 것은 그런 기회가 더는 없을 것 같아서입니다. 그 같은 기회를 마련해 주신 선우미디어 이선우 사장님에게 깊이 감사를 드립니다.

2014년 초가을

唯史 李京雄

● 차례

머리말　4

1부 ｜ 그는 하나의 거목

10　대춘부待春賦
14　현이의 연극
19　왕王과 나
25　뜰이 보이는 창
28　연못
33　되돌아온 개나리꽃
38　제단의 꽃과 어머니와 기도
41　그는 하나의 거목巨木

2부 ｜ 왕자와 공주

46　작은 창문에도 하늘은 있다
49　뒷골목
53　봄 시장
55　늦가을 비
59　왕자와 공주
64　흰 눈과 미스터 오웰

3부 | 세계를 떠돈 어릿광대, 나의 젊은 날의 삶

지상의 낙원 에스파뇰라 섬 68
강력한 원색의 그림이 있는 나라, 아이티 74
꽃과 유럽의 신사도紳士道 81
눈물로 들은 그의 조국 찬가 89
쿠바의 항구엔 노래가 있다네 96
플라멩코 미사참례는 은총이었다 101
세계를 떠돈 어릿광대, 나의 젊은 날의 삶 108

4부 | 외로울 땐 편지를

외로울 땐 편지를 118
플라멩코와 스페인 122
선물로 받은 옛 타이프라이터 129
어릿광대와 창녀娼女와 134
나의 유치원 친구, 백남준 이야기 141
바하마 뱃길, 긴긴 시간 남준南準이 생각을 148

김현 | 이경희의 작품평 157
이경희 연보 159

1부 | 그는 하나의 거목

대춘부 待春賦

낮닭 우는 소리에도 봄을 느낀다. 수양버들 가지가 탄력 있게 늘어지고 아이들 걸음걸이에 긴장이 풀려 있다.

이틀을 두고 내린 비…. 그 비는 정녕코 봄비임에 틀림이 없었다. 정원의 돌들을 덮고 있던 겨울 먼지…. 그 검은 먼지가 말끔히 씻기자 을씨년스럽던 겨울이 가버렸음을 깨닫는다.

언젠들 빗물에 젖은 돌들에 깊은 애정을 느끼지 않은 적이 있었겠는가만, 새삼 긴 겨울의 침울을 빗겨 준 '이틀 비'에 감동한다.

물은 차나 그렇다고 겨울은 아니다. 겨울이 가졌던 매섭고 찬 매듭은 이미 풀리고 다만 그 구겨진 매듭 자리만 펴지지 않은 느낌일 뿐이다. 사철나무 잎새의 숨결도 겨울의 그것과는 다르다. 봄의 입김이 벌써 담 안으로 들어선 것이다.

성급하게 새순 돋는 봄이 기다려진다. 어쩌면 봄은 가슴을 설레게 하는 성급함에서 시작되는 것일까. 별로 기다려야 할 일이 없어진 연령인데도 경칩의 계절이란, 멍하니 잊은 것을 기억해 내고 싶어지는 까닭은 웬일일까? 지나간 봄 속에 무언가 많은 것을 묻어 버렸기 때문이다.

나의 평생의 가장 중요한 일들을 결정한 것이 모두 봄이었다. 누군가가 부르는 소리, 누군가가 깊은 꿈속으로 유인한 손길, 누군가가 뚜렷한 이유 없이 나를 슬프게 한 행동….

봄이면 이런 많은 사연들이 마치 아지랑이처럼 그칠 줄 모르고 자꾸만 하늘로, 하늘로 향하여 올라가는 것 같은 어지러움을 느낀다.

돌이킬 수 없는 그 세월의 아름답고 슬픈 것들이 설혹 기다려지는 것은 아니라 하더라도 불현듯 머릿속을 스쳐 갈 때 나는 봄을 깨닫는다.

달래김치의 산뜻한 맛에도 봄은 있다. 달래 속에는 농축된 봄 향기가 있다. 어머니는 한 번도 꼬집어 봄을 말하는 일이 없었다. 그러나 달래김치로써 식구들에게 봄을 맛보게 하였다. 그것도 지혜임에는 틀림이 없다.

초등학교 때 친구들이 둑으로 봄나물을 캐러 가는 것을 보았다. 그런데 나는 한 번도 그들과 같이 따라나서 보지 못하였다. 집에서 나를 보내 주지 않았기 때문이다.

그러니까 나는 한 번도 봄을 찾아 나서지는 못하였던 것이다. 오늘의 내가 봄에 대해 유별난 감정을 품는 것은 이 때문일까.

비는 밤에도 멈추지 않았다. 오랫동안 듣지 못했던 빗소리라 그런지 공연히 근심스러운 생각도 든다. 버릇이란 어쩔 수 없이 이런 기쁜 소리에도 의심을 갖는 모양이다.

어둠 속에서 잉어가 물 위로 치솟았다 떨어지는 소리가 들린다. 깊은 겨울잠에서 저들 잉어들도 깨어난 모양이다. '철썩!' 하는 물소리로 그것들이 동면(冬眠)하면서도 자라준 것에 고마움을 느낀다.

방 속에서 콩나물처럼 자란 화초(花草)들을 보면 봄볕이 기다려진다. 이 화초들을 작년에 밖으로 내놓은 것이 언제였는지 통 생각이 나지 않아 일기장을 뒤적여 본다. 그러나 이 중요한 대목은 나의 일기장 속에 기록되어 있지 않았다. 정녕 나는 보다 중요한 일이 뭔지 모르고 산 것 같다.

아침 일찍 창문을 연다. 비인 줄만 알았는데 하얀 눈이다. 녹으며 쌓이는 것들. 그러나 그 속에도 겨울은 없었다. 아무리 눈일지라도 봄의 숨결은 덮어 버리지 못하는 것임을 알겠다.

굶은 새를 위하여 곡식을 던져 줘야겠다는 생각을 아직도 실천에 옮겨 보지 못한 채 창문을 닫는다. 역시 나는 생활의 주제(主題)에 대하여 다시 생각해야겠다. 꼭, 새 때문만이 아니라 쫓기며 사는 일만이 나의 인생인 것처럼 된 생활에서 보다 사람다운 곳에 눈을 돌려야 할 것이기 때문이다.

일요일은 한가롭게, 집에서 모시고 거느리고 하며 보내리라고 마음먹었으나 진정 느긋하게 지내게 되질 못한다. 놀 줄 아는 사람이 놀고, 쉴 줄 아는 사람이 쉰다는 말의 뜻을 알 것 같다. 차라리 겨울이면 체념이란 것이 있어 집 속에 묻혀 있을 수 있겠으나 봄은 그렇게 나를 가만히 있게 하지 않는다.

낯 설은 고양이가 나의 뜰 한가운데를 가로질러 담을 넘는다. 고양이의 얼룩 털에도 봄의 윤기가 보인다. 그는 이미 활동을 개시했나 보다. 한나절 저렇게 쏘다니는 것을 보면 봄이긴 봄인 모양이다.

뒤늦게 강아지가 쫓아가 짖어대기는 하지만 서로 꼭 잡아야 하고 쫓겨야만 한다는 긴장감은 없이 그저 일상생활로서의 싫은 의무를 치르는 느낌이다.

졸림도 오고 할 일도 생각나지 않는 오후…, 공연히 물컵만 비운다.

정녕 봄은 오나 보다.

(1977)

현이의 연극

두 시까지 오라는 현이의 말대로 부랴부랴 시민회관으로 갔다. 현이가 예술제에서 연극에 출연하기로 되었기 때문이다. 현이가 출연하는 연극 〈숲 속의 대장간〉은 제2부의 첫 순서에 있었다.

풀잎 역을 하게 되었다는 현이가, 그동안 매일 학교에서 늦게 오고, 휴일에도 학교에 나가 연습을 하곤 할 때에는 별로 관심이 없었는데, 막상 공연하는 날이 되니까 이상하게도 가슴이 두근거렸다. 마치 현이 혼자의 발표회나 되는 것처럼 흥분되어, 2부 순서를 기다리는 동안 무척 초조했다. 나는 현이의 모습을 상상해 봤다. 새벽부터 일어나서 "분장을 해야 하니까 일찍 가야 해요." 하며 부산을 떨던 현이의 상기된 얼굴이 떠오르면서, 혹 무대 위에서 실수라도 하지 않을까 걱정이 되었다. 초등학교 3학년인 현이는, 무대에 서본 경험이 없기 때문에 아마 더욱 흥분해 있을지도 모른다.

마침내 제2부가 시작되는 종이 울리고, 이어 불이 꺼졌다. 막이 오르자, 캄캄한 무대가 나타났다. 무대 중간을 비추고 있는 조명 속에 선녀(仙女)가 서 있었다.

얼마 전에 현이가 모자 달린 푸른색의 옷을 가지고 와서 "선녀 옷은 참 예쁜데, 참새 옷도 예쁘고…" 하며 자기 옷이 덜 예쁜 것에 대해 서운한 빛을 보인 적이 있었는데, 그때 말한 선녀인 것 같았다.

얼마 후, 선녀는 없어지고 밝아진 무대 한가운데에 대장간이 생겼고, 그 뒤는 숲이 울창하였다. 나는 현이가 언제 나올 것인가 열심히 지켜봤다. 숲 속에서 참새와 까치 떼가 대장간 앞마당에 날아와서 놀고 춤추고 하는 장면이 나왔지만, 풀잎 역을 맡은 현이는 그때까지도 눈에 띄질 않았다. 나는 무대를 계속 지켜보며 현이의 모습을 기다렸다. 그러다가 문득, 아까부터 대장간의 배경을 이루고 있는 숲 속에서 합창 단원 모양의 대열을 짓고 쪼그리고 앉아 있는 것에 눈이 갔다. 나는 그것이 풀잎들인 것을 알아냈다.

'현이가 바로 저기, 저 많은 풀잎 중의 하나로 끼여 앉아 있는 거구나!'

순간, 지금까지 흥분해 있던 마음이 가시고, 실망되는 마음조차 터놓을 수 없는, 그런 야릇한 기분에 싸이고 말았다. 현이는 바로 그런 역을 맡고 있었다.

대장간 앞뜰에는 토끼도 나오고, 포수도 나오고, 동네 여인과 대장간집 주인도 나와 익살스런 대화를 주고받고, 그리고 때때로 참새 떼와 까치 떼가 이리저리 날아다니며 노래하고 춤추고 하는데, 풀잎들은 계속 줄지어 붙어 앉아서

양 손에 든 풀잎 그림판만 가끔 흔들 뿐이었다. 더군다나 양 손에 든 풀잎 그림판으로 얼굴을 노상 가리고 앉아 있기 때문에, 그 많은 풀잎 중에서 어느 애가 현이인지 가려낼 길이 없었다.

 현이가 풀잎 역을 맡게 되었다고 했을 때, 저의 언니가 "너도 뭐라고 말하는 것 있니?" 하니까 "그러엄!" 하길래, 제대로 무대에서 연기도 하고, 대사도 말하고 하는 줄 알았던 것이다. 정확히 말을 한다면야, 풀잎들도 다 함께 입을 모아 무어라고 함성을 지르고 하니까, 아주 입을 다물고 있는 것은 아니긴 하였다.

 조금 전만 해도 주위의 모든 관객들이 현이를 보러 온 것 같았는데, 그 사람들은 각자가 다 지금 한 가지씩을 연기하고 있는 아이의 가족들이고, 나만 그렇지 않은 것 같아 약간 서글픈 생각마저 들었다. 어쨌든 나는 무대 위에서 벌어지는 중요한 장면을 보는 대신, 다닥다닥 두 줄로 붙어 앉은 풀잎의 움직임만을 보았다. 그 속의 어떤 풀잎이 현이인가를 찾아야 했기 때문이다. 손에 든 그림판을 양 옆으로 흔들 때에만 살짝살짝 보이는 얼굴이라, 그 순간에 현이를 찾아내기란 쉬운 일이 아니었다. 이 풀잎도 현이 같고, 저 풀잎도 현이 같고…. 현이 같다는 생각을 하면 하나같이 현이라고 생각 안 되는 풀잎이 없었다.

 사실 우리 집 애가 반드시 남의 눈에 띄는 중요한 역을 맡아야 한다든지, 조금이라도 나은 역을 해야 한다는 생각은 조금도 없었다. 다만 엄마는 자기 아이한테 제일 먼저 관심이 가게 되는 것이기 때문에, 현이가 눈에 띄지 않는 데에 실망하였을 뿐이다. 그러는 동안에 연극은 끝났다. 나는 현이를 찾으러 아래층으로 갔다. 얼굴에 빨갛고 꺼멓게 분장을 한 아이들 틈에서 한참 만에 현이를 찾았다. 물론 현이 쪽에서 먼저 엄마를 부른 것이다.

"엄마! 나 하는 것 보았어요?"

현이는 나를 보자마자 그것부터 물었다. 이럴 때 보았다고 해야 할지, 못 보았다고 해야 할지, 얼른 생각이 나지 않아 망설이면서, "응, 현이가 어느 쪽에 앉아 있었지?" 나는 대답 대신 이렇게 물었다. 혹시 못 보았다는 것을 알아채고 실망을 하는 게 아닌가 눈치를 살폈는데, 현이는 의외로 밝은 얼굴을 하며, "둘째 줄 끝 쪽에 앉아 있었어요." 하더니 "엄마, 그럼 나 못 보았지? 아유, 난 내 뒤에 있던 참새가 앞으로 나가면서 건드리는 바람에 모자가 벗겨져서, 그것을 엄마가 보았으면 어떻게 하나 하고 얼마나 걱정을 했는지 몰라. 금방 집어 썼는데, 엄마 못 봤지?" 이렇게 말하는 것이 아닌가? 나는 현이의 이 말에 또 한 번 마음속으로 놀랐다. 그리고 미안한 생각이 들었다. 비록 눈에 잘 안 띄는 풀잎 역을 하였지만, 현이는 풀잎으로서의 자기의 역할에 충실했으며, 엄마가 자기를 꼭 보아주리라는 확신 때문에 더욱 열심히 연기를 하였고, 오히려 자기의 실수를 엄마가 보았을까 걱정을 했던 것이다.

결국 현이가 그러한 실수라도 하지 않았다면, 엄마가 보지 못한 데 대하여 실망을 했을지도 모를 일이다.

나는, 분장을 해서 거의 얼굴을 알아볼 수 없는 현이에게 먹을 것을 조금 사 준 다음, 다음 순서를 보기 위해 자리로 돌아왔다.

(1973)

왕王과 나

 제목을 「왕(王)과 나」로 붙이니까 마치 율 브리너 주연 영화의 제목과 같습니다만 나는 일부러 이처럼 붙였습니다.
 나는 며칠 계속하여 따분한 브뤼셀에서 열린 국제도서박람회장 속에서 가난한 우리나라 도서를 챙겨 놓고 있었던 어느 날, 국왕이 온다고들 장내가 법석댔습니다. 그리고 보니 그 전전날 왕비가 다녀간 일이 있습니다.
 한참 있으니까 아마 궁정 의전(儀典) 담당자인 듯싶은 중년 신사가 나한테로 와서 내가 말할 수 있는 외국어를 묻는 것이었습니다. 나한테만이 아니라 그는 각 나라 전시장마다 돌이디니며 그곳에 나와 있는 각국 사람들에게 그와 똑같이 묻고 돌아다니는 것이었습니다.
 어려서 동화책에서나 왕의 이야기를 읽었었고, 그리고 서양 영화에서 왕과 인사하는 장면을 보긴 했어도, 막상 내가 한 나라의 국왕과 인사를 하게 된다는 생각을 하니까 실로 떨리는 일이어서 그동안 몇 번을 화장실로 가서 얼굴을 매만지고 손을 씻었는지 모릅니다. 그리고 왕과 악수를 할 때 무어라 인사를 할 것인가를 긴장되어 있는 머릿속으로 생각하기에 바빴습니다.

한 손으로 왕의 손을 잡고 나머지 손으로 치맛자락을 추켜 쥐며 살짝 무릎을 꾸부리는…, 그러면서 '유어 메쥐스티!' 하고 인사하는 영화 속의 장면도 머릿속에 떠올랐습니다.

나는 얼핏 박람회장 리셉셔니스트 아가씨에게로 가서 왕에게 인사할 때 무어라고 해야 하느냐고 물었습니다. 돌연한 나의 질문에 그 아가씨는 자기도 왕과 한 번도 인사해 본 일이 없어서 모른다는 것이었습니다.

어쨌든 '유어 메쥐스티'라는 존칭을 붙여야 할 게 아니냐—는, 내가 이미 생각하고 있었던 정도의 대답만을 얻고 자리로 돌아왔습니다. 나는 말끝에 붙여야 할 '유어 메쥐스티'란 존칭을 자연스럽게 해야겠다는 생각에 '유어 메쥐스티', '유어 메쥐스티'… 하고 상냥한 표정을 지어 보며 입속으로 연습을 하였습니다.

한참 있다가 많은 시종관을 거느린 젊은 국왕 보두앵이 우리 전시장 앞에 와 섰습니다. 그리고 아까 다녀갔던 그분이 보두앵 왕에게 영어로 '코리아'에서 온 나를 소개하였습니다. 보두앵 왕이 손을 내밀었을 때, 나는 왕이 무어라고 말을 하였는지 안 했는지는 생각이 안 나고, 그저 미리 생각해 뒀던 "만나 뵙게 된 것을 최상의 영광으로 생각합니다. 폐하!" 이렇게 말하였습니다.

그러나 실상은 '폐하'(유허 메쥐스티)란 말이 그렇게 자연스럽게 이어진 것은 아니었습니다. 말을 다 해 놓곤 깜빡 잊었다가 마치 루주를 입술에 맞춰 칠하지 않고 약간 빗나가서 또 하나의 입술을 그려 놓은 것 모양— 뒤늦게 "유어 메쥐스티" 하였습니다. 얼마나 내가 긴장을 하고 있었던지!

국왕은 유창한 영어로 나에게 묻는 것이었습니다. "코리아에선 이번이 처음 참가한 것이지요?" "당신이 쓴 책도 가지고 왔습니까?" "어떤 내용입니까?" "한국어를 읽을 줄 안다면 한 권 사고 싶군요…."

시종 똑같은 미소와 친절한 물음과 대답. 나는 한참 말하는 동안 어느새 그가 국왕이란 감정보다 귀품 있는 서민을 대하는 그런 느낌이었습니다. 그의 나이는 약 사십 정도의 단정한 미모였습니다만, 그의 얼굴엔 어딘가 무사(武士)다운 위풍도 엿보였습니다.

나는 여행 중에 필요할지 몰라서 몇 개의 선물을 준비하고 있었습니다. 그것은 조그마한 놋으로 된 페이퍼나이프였습니다. 물론 거기엔 'KOREA'라는 글자가 새겨져있습니다. 나는 늘 이것을 손가방 속에 준비하고 있었던 터이므로, 사전에 그의 시종관에게 내가 왕에게 선물을 줘도 괜찮겠는가고 물었는데, '아마 괜찮을 테지만 당신이 왕께 한번 물어보는 것이 좋겠다'는 것이었습니다.

나는 그의 말대로 국왕에게, "선물을 드리면 받아 주실 것인가."고 물었더니, 국왕은 아주 기쁜 표정으로 고맙다는 것이었습니다. 나는 나의 선물이 갑작스런 것이라는 변명을 하면서 색동 포장의 페이퍼나이프를 줬습니다.

 국왕은 포장을 풀어 보면서, 그 놋으로 된 종이칼에 관심 있다는 표정을 아끼지 않았습니다. 나는 국왕의 그런 표정이 의례적인 것인 줄 알면서도, 그렇게 부드럽고 멋진 미소로 연방 나의 말에 응답해 주는 것이 매우 기뻤습니다. 문득 구라파의 정말 신사란 이런 형태의 분이거니 하고 그 긴장된 시간 속에서도 생각하였습니다. 그런 것 이외엔 평범한 양복의 이 중년 신사에게서 사전 지식도 없고, 왕에 대한 교양도 지니지 못한 한국의 서민인 내가 어떻게 더 이상의 것을 찾아낼 수가 있겠습니까?

 어떻든 그는 긴 시간을 우리 전시장에서 보냈으며 그 사실은 국왕이 떠난 후 그곳에 온 많은 손님들이 우리 전시장에 몰려와 "왕이 당신에게 무슨 얘기를 그렇게 오래했느냐"고 묻는 것으로 짐작할 수 있었습니다.

 그 이틀 후, 우리 한국 대표 두 명은 그 국왕과 왕비가 초청하는 왕궁 파티에 갔었습니다. 사실 이 파티의 초청장이 직접 우리의 손에 주어진 것은 아니었으나 도서박람회에 참가한 각국 대표들이면 참석하게 되었다는 말만으로 우리는 왕정(王廷)으로 갔었던 것입니다. 그러나 영화에서 보는 그런 요란하게 차린 근위병에서부터 긴 왕정 대리석 복도에서 정중하게 손님을 맞는 고령의 시종들까지, 초청장을 갖지 않은 우리를 쉽게 통과시킬 리가 없었습니다. 나는 화려한 우리의 고유의상을 입고 당당한 태도로, 또 그들은 한결같이 불어를 할 뿐 영어를 몰랐기 때문에 차라리 구구한 변명 없이 그대로 궁중 속으로 걸어들어 갈 수 있었습니다.

그러나 결국 마지막 관문에서 걸렸습니다. 나는 시간 때문에 아마 우리 공관에 와 있을 초청장을 지참치 못했다는 말을 했더니, 그들은 물론 나의 말을 알아듣진 못하고 우리를 그대로 세워 놓고 연회장 속에 들어가 얼마 만에 돌아와서 우리를 입장시켰습니다. 어린애 같은 생각인지 몰라도 밖에서 기다리는 동안, 아마 국왕에게 '코리아'의 대표가 왔다면 즉시 들여보내라고 할 것이다—라는 생각을 하며 꽤나 자신을 가졌었는데 그런 신념이 어째서 생겼는지는 나도 모를 일입니다.

과연 국왕의 연회장은 아름다웠습니다. 즐비한 조각과 샹들리에며, 붉은 카펫이며, 상상했던 이상의 엄숙한 분위기가 한국 여성인 나를 긴장케 하였습니다. 그 속에서도 나의 한국 의상은 눈에 띄었습니다. 아마 그래서였겠지요. 그곳에서도 의전 담당관인 듯한 나이가 좀 든 사람이 나를 국왕에게 소개를 할 때, 국왕은 우리는 이미 오래 전부터 알고 있는 사이라는 표정을 지으며 '그동안 잘 있었느냐'는 물음과 함께 '당신이 준 선물 무척 고맙다'는 인사를 다시 한 번 하는 것이었습니다. 인형같이 귀엽고 아름답게 생긴 파비올라 왕비도 같이 있었습니다만, 여기선 보두앵 왕의 얘기만 하겠습니다.

국왕은 정말 여러 나라 말을 구사하는 것 같았습니다. 그

것이 물론 그렇게 멋지게 느껴졌고 더욱 인상적인 것은 국왕이 다른 사람과 이야기하면서, 간혹 멀리 있는 우리와 눈이 마주치면 자기가 이곳을 보고 있다는 사인을 연방 보내주었는데 그 방법이며 동작이 이쪽만 알 수 있게 하는 그런 익숙하고도 멋져 보이는 연기에는 그만 놀랐습니다.

국왕이 퇴장하는 것을 기다려 우리도 밖으로 나왔습니다. 밖은 조금 어둑어둑한 편이었는데 국왕의 자동차가 마침 통과하였습니다. 그 순간 어찌나 그렇게도 반가웠는지 손을 높이 들고 흔들었습니다. 국왕도 우리를 보고 거의 동시에 손을 흔들며 반가워하였으며 자동차가 멀리 보이지 않을 때까지 뒤를 돌아보며 손을 흔드는 그런 신사였습니다.

나는 그 후 계속 그 국왕 태도며 말에 대하여 생각해 보았습니다. 역시 어느 누구도 따를 수 없는 왕이었다는 것을 자꾸만 깨닫게 되는 것 같았습니다. 그것은 지금까지, 틀에 박힌 형식에 대해서 지루하고 인간미가 없다고 생각했던 그릇된 생각을 깨끗이 고쳐 준 것 같았습니다.

인간이 만든 형식, 그것도 왕들의 몸에 밴 그 형식이란 그리도 아름답고 지루함을 주지 않는 것이란 것을—. 왕에게서 풍부한 내용을 느끼게 된 것은 한마디로 세련된 그의 완벽한 형식이었습니다.

나는 지금까지 소탈하고 형식적이 아닌 것에 다정함을 느꼈습니다만, 오랜 형식의 새로움과 그리고 형식만이 갖는 권위에 반할 줄도 알게 되었습니다. (1972)

뜰이 보이는 창

나도 그 시인처럼—남(南)으로 창(窓)을 내겠습니다. 크고 넓고 아름다운 창을—.

그리하여 나의 작은 정원에 있는 풀과 나무와 바위를 또 보고, 또 보고 하겠습니다. 아는 이들은 결코 나의 초라한 뜰에 호감을 갖지 않았겠지요.

깨어진 흙 분과 값싼 일년초들이 제 마음대로 널려져 있고 그 사이로 제대로 가꾸지 못한 잔디가 있는 뜰을 누군들 좋아하겠습니까만 이곳은 제법 우리 가정의 또 하나의 낙원이기도 합니다.

인간은 태어나면서 풀과 흙에 너무도 깊게 관게가 있있다는 것을 나는 언제나 이 작은 뜰 위에 앉으면 생각이 난답니다.

언젠가 비가 내리던 오후, 창을 통하여 나뭇잎새 사이로 보는 나의 작은 뜰이 퍽이나 고전적이고 멋이 있었습니다. 이 방과, 창과, 저 뜰—, 이것만 가지고도 무엇인가 큰 작품이 될 것같이도 느껴졌습니다. 좀 어두운 분위기도 좋았고 소리 없는 비의 동경(憧憬)도 좋았고, 또한 뜰의 전부가 보이지 않고 일부분만을 보여 준 창도 한량없이 좋았습니다.

밝은 창만이 좋았던 나에게 그 후부터 어둡고 작은 인색한 창도 좋다는 것을 깨닫게 되었습니다.

나는 언젠가는 작은 화실을 하나 가져보겠다는 꿈을 버리지 않고 있습니다. 북쪽으로 만들어진 음산한 광선이 좋아지기 시작한 몇 년 전부터의 생각입니다. 그러나 북창에는 뜰이 보이지 않는 것이 탈입니다. 기껏 가로수의 중턱부터 보이거나 변화가 많은 하늘밖에 볼 수가 없습니다. 아마 이때부터 나는 뜰이라는 것을 재발견했는지도 모릅니다.

뜰이 보이는 창? 그래서 나는 꿈에서 현실로 돌아오곤 하는 것 같습니다. 가난하여도 그 뜰이 있기 때문에 나는 언제나 현실로 돌아오고, 땅에 붙은 생활을 다시 생각하게 되는 것인지도 모릅니다.

물론 나는 이 컴컴한 창과 작은 뜰로 만족하는 것은 아닙니다. 밝고 아름답고 넓은 창과, 잘 가꿔진 뜰을 가지고 싶습니다.

이제 곧 내 뜰에 작은 못도 팔 것이고 그 못에 연꽃도 띄우려고 합니다. 그리고 그곳까지 맨발로 밟고 걸어갈 수 있는 돌을 놓겠습니다. 어느 깊고 찬 시내에서 주워 온 흰 돌을 갖다 잔디밭에 파고 심는 것이 나의 소원입니다.

그 다음은 나의 친한 벗과 내가 좋아하는 분들을 이 뜰에 모시고 거꾸로 이 뜰에서 넓고 밝은 창을 구경시킬 생각입니다.

  당분간 나는 이 생각만으로도 행복해질 것 같습니다.

  갖고 싶던 돌이 마침 생겨서 창과 어울리게 작은 정원을 꾸몄습니다. 연못도 곧 팔 것입니다. 모든 것을 한꺼번에 다 해치우면 쓸쓸할 것 같아 하나씩 하나씩 할 생각입니다. 잔디밭과 같은 높이의 연못을 생각합니다. 기껏해야 나의 창 크기만큼이나 되겠죠. 나는 그 연못 속을 들여다볼 때마다 필경 나의 창을 들여다보는 그런 인상이 될 것 같은 기분입니다. 조용한 물속에 푸른 하늘이 담겨 있고, 또 그곳엔 흰 구름들이 떠 있게 될 테지요. 그러면 나는 이 못가에서 조금은 더 행복해질 것입니다.

  고여 있는 물이니까 이 물은 퍼서 꽃에 주고 그리고 또 새로운 물을 담아 둘 생각도 합니다. 좀 더 낭만을 생각한다면 이 못에 새들이 와서 물을 마셔도 좋고 마른 나뭇잎새가 떨어져도 좋을 것 같습니다. 어떻든 나의 뜰에 또 하나의 창을 심는다는 것을 생각하면 공연히 좋아만 집니다.

(1971)

연못

연못의 물이 아무래도 맑아지지가 않는다. 어머니께선 매일 아침 진흙 빛으로 흐려진 연못을 들여다보시며 그 속에 넣은 금붕어를 꺼내자고 하시지만, 나는 며칠만 기다리면 흐린 물이 맑아질 테니까 그대로 두자고 우겨 온 것인데, 벌써 한 달이 지나도록 연못물은 빨간 채로 있다. 어머니가 연못의 물로 그토록 성화를 하시는 이유는 수련(睡蓮) 잎사귀가 진흙물 때문에 덜 파래 보일 뿐 아니라 물이 맑으면 밑에서 올라오는 꽃 순을 볼 수 있다는 것이다. 결코 틀린 말씀은 아니라는 생각이다.

그러나 흐린 물 대로 금붕어가 연잎 사이로 헤엄쳐 다니는 것을 저버릴 수 없는 심정이어서 그 말에 순종 않고 있다.

작년 봄, 마당 한구석에 연못을 만들었다. 연못이래야 겨우 '티 테이블'만한 크기. 나의 집을 다녀간 일이 있는 J씨가 살풍경한 마당을 보고 "마당에 연못을 만드세요. 그러면 내가 수련 한 뿌리 드리죠." 해서 만든 연못이다.

처음에는 이 작은 마당에 어떻게 연못을 만들 것인가 하였는데, J씨는 "요만만 해도 되잖아요? 그런 데서도 연(蓮)은 실컷 자랍니다." 하고 티 테이블만큼의 네모꼴을 손으로 그리기에 정말 고만한 크기의 연못을 만든 것이다.

붉은 오지벽돌로 둘레를 쌓고, 꼭 펌프 가의 수조(水槽) 같은 네모난 연못을 만들었다.

약속대로 J씨는 수련 한 뿌리를 보내 주었고, 그리고 나는 그곳에 금붕어를 사다 넣었다. 비록 작은 연못이긴 하지만 연못의 표정은 여간 다양하지 않았다.

아침과 저녁의 느낌이 그때마다 다르고 계절의 인상이 또한 달라졌다. 특히 그 연못 주변의 것들에 의해 흐뭇한 양상을 띠게 되었다.

이렇듯 나는 연못을 만들면서부터 아침에 눈만 뜨면 마당으로 그 작은 연못을 위해 나가게 되었다. 마치 연못을 위해 아침을 맞는 것처럼.

연잎의 순이 물속에서 뻗어 올라오고, 동그란 잎사귀가 물 위에 하나둘 늘어가고…. 이런 당연한 변화가 마치 나한테만 주어진 기쁨인 양 마냥 행복하였다.

아침마다 먹이를 얻어먹은 습성 때문인지 금붕어들은 연잎을 닦아 주느라고 손을 물속에 넣으면 몰려와서 벌린 입으로 손가락을 툭툭 건드리곤 한다.

연잎은 계속 뻗어 올라와서 마침내는 자그만 수면 위를 꽉 덮고 말았다. 욕심은 거기에서 멈추질 않았다. 나는 그 연못에 꽃이 펴서 덮어 주기를 기다렸다.

그러나 첫해에는 그렇게 연잎만 세어 보는 것으로 끝났다.

겨우내 항아리 속에 넣어서 집 안에 보관했던 연뿌리를 4월이 되자 다시 연못에 심었다. 연잎은 작년의 두 배만한 크기로 물 위에 떴다. 그러자 꽃봉오리가 물 위로 올라오더니 다음날 아침엔 진분홍빛 연꽃이 피었다.

식구들은 그 작은 연못에 모여 함성을 올리며 좋아했다. 우리 집의 길조(吉兆)이기나 한 것처럼 그날은 하루 종일 들뜬 마음으로 지냈다. 어려서 안방 다락문에 그려진 연꽃 그림을 신기한 느낌으로 보았는데 그런 연꽃이 이제 우리 집 마당 연못에 핀 것이다.

그런데 그날 저녁 집에 와 보니 꽃은 벌써 오므라져 있었다. 얼마나 실망하였는지! 연못을 들여다보고 서있는 나에게 어머니는 "노래에도 있지 않더냐? 연꽃이 피었네, 연꽃이 피었네. 피었다고 하였더니 볼 동안에 옴쳤네 라는…." 어머니가 젊었을 때 부르셨다는 그 노래 가사를 들려주시며 연꽃이란 그렇게 쉬이 오므라지는 거라 하셨다.

그러나 다음날 아침에 그 연꽃 봉오리는 새로 핀 것처럼 다시 피어 있지 않은가! 나는 또 한 번 놀랐다.

낮에 J씨를 만나 그런 이야기를 하였더니 연꽃이 잠을 자는 거라 한다. 그래서 이름이 수련이 아니냐는 것. 별로 뜻을 생각지 않고 불렀던 수련(睡蓮)이란 이름이 얘길 듣고 보니 얼마나 사랑스럽게 느껴지는지….

그날 저녁 나는 잠자는 연꽃을 오래도록 들여다보았다. 처음으로 꽃의 잠을 지켜본 것이다.

연꽃은 계속적으로 피었다. 하나가 시들면 이어서 새 봉오리가 올라오고 그리고 더 이상 피지 못할 때 또 새것이 올라와서 피곤 했다.

어느 날 이 연못에 놀랍게도 조그만 청개구리 새끼 한 마리가 나타나 연잎 위에 앉아 있었다. 이것도 연못이라고 풀 냄새 물 냄새를 맡고 찾아온 청개구리 새끼의 천진성에 절로 웃음이 났다.

하여간 생각지도 않았던 이 자연의 손님에 또 한바탕 집안 식구들은 떠들썩하였다. 자그만 연못과 연꽃이 이토록 우리 생활을 즐겁게 해 주리라는 생각은 옛날에 미처 기대해 보지 못했던 일. 마치 장롱 밑에서 나온 없어졌던 트럼프 장을 만난 기분…. 여분의 기쁨이어서 더욱 즐거운 걸까?

인간의 욕심은 한이 없는 것일까….

나는 티 테이블 크기의 연못으로 만족할 수가 없었다. 그래서 금년 여름, 한창 연꽃이 피는 연못을 헐고 그 두 배의 크기로 확장했다. 깊이도 훨씬 더 파고 연뿌리가 잘 자라도록 진흙도 듬뿍 넣고, 그리고 금붕어도 더 많이 사다 넣었다.

넓어진 연못에 연잎도 가득! 연꽃도 가득! 그리고 금붕어의 대행진(大行進)도 생각하며….

그랬더니 연못의 물이 빨개진 것이다. 그리고 나의 희망과는 달리 수련 잎새는 도로 작아지고 말았다. 공연히 뿌리를 건드렸구나 하는 후회가 나에게 작은 고민으로 번졌다. 물론 내년에는 다시 괜찮을 테지만….

연못을 고친 지 한 달이 넘었다.

매일 아침 마당에 나가 연못을 들여다보지만 사과 알만 한 연잎이 두어 개 엉성하게 떠 있을 뿐, 역시 기쁨은 기다려서 오는 건 아닌 모양이지? 그러나 이런 일이 없었으면 연못에 대한 관심이 더 이상 지속되지 않았을지도 모를 일. 다 내일을 위하고, 더 좋고 기쁜 일을 위해 만들고 저지르고 하는 것이 인생사가 아닌가? 금년은 이대로 참아야지….

그러나 나보다도 더 연꽃에 관심을 가지고 아침마다 연잎 하나하나를 물로 닦아 주곤 하시는 어머니께서 전과 달라진 연잎 크기에 실망하시는 것이 나에겐 더 안타깝다.

어머니 말씀대로 이제 연못 속의 금붕어를 꺼내야 할까 보다.

(1976)

되돌아온 개나리꽃

 봄은 감상과 연결된다.
 방안에 새 달력을 걸면서부터 나는 벌써 봄을 기다린다. 계절의 봄은 멀었어도 마음의 봄은 언제나 미리 온다.
 그것은 매년 그랬다.
 봄을 기다려야 할 아무런 이유가 없어도 겨울이 되면 어김없이 봄이 기다려지는 것은 웬일인지 모를 일이다.
 겨울은 마치 봄을 위해서 있는가 보다.
 흰 눈 위에 햇살이 반사되는 것을 볼 때 나는 봄을 느낀다. 길게 매달린 고드름에서 물방울이 떨어지는 것을 볼 때도 나는 봄을 느낀다.
 골목에서 아이들 노는 소리가 들려올 때 나는 봄을 느낀다. 밥상 위에 나박김치가 오르면 나는 또한 봄을 느낀다. 그러면 나는 달래나 미나리나물이 먹고 싶어진다. 아침에 일어나면 창문을 열고 싶어진다.
 봄이 느껴질 때 나는 화장을 하고 싶다. 특히 이런 날 밖에 빗소리라도 들리면 견딜 수 없이 내 마음은 창밖이 궁금해진다. 마른 잔디가 금세 솟아날 것 같고 비어있던 연못에 갑자기 나의 환각은 푸른 연잎을 띄운다.

오래간만에 내 방에 꽃이 놓여진다. 손님이 사 가지고 온 것. 그 꽃에서 나는 문득 봄을 느낀다.

이 계절은 어디에서나 봄을 느낀다. 봄의 느낌이 흘러넘칠 때 사물은 윤이 난다.

꽃을 보고야 나는 그동안 꽃을 잊고 지냈던 것을 깨닫는다. 정말이지 겨우내 나의 방에 꽃 없이 지낼 수 있었던 내 마음의 가난함을 알고 부끄럽게 생각한다. 사실 나는 그렇게 바쁘게 살아온 것이다.

작년 겨울에는 방 안에 동백 화분이 있었다. 나의 글을 기다리는 친구 몇 분을 골라 나는 그 꽃을 그려 연하장 대신 보냈었다. 이것은 재작년 탐스러운 붉은 철쭉꽃이 내 방에 놓여졌을 때부터 생긴 버릇이다. 받은 이마다 보내오는 답장을 나는 어린애처럼 기다렸었지. 그러나 Q씨와 M씨는 끝내 회답을 보내 주지 않았다. 언젠가 만나면 은근히 따져 볼 생각을 한다.

아직 봄이 일러서인가? 봄꽃은 하나도 찾아볼 수 없다. 방안에 꽂혀 있는 카네이션이나 동백은 모두 봄과는 상관없다. 꽃이기에 봄을 느끼게 하여도 정작 봄꽃이 아닌 것은 섭섭한 일이다.

봄꽃이란 노란 빛일까?

노오란 꽃을 보면 봄을 느낀다. 노오란 꽃에서 봄의 향기를 느낀다.

필경 봄 향기란 노란 빛깔일는지 모른다.

그전에 나는 노란 빛의 꽃은 이별을 뜻한다고 하여 남에게 주는 것이 아니라고 들었다. 그렇기 때문에 그런 노란 꽃을 일부러 남에게 준 일이 있었다.

대학에 다닐 때 데이트하던 남학생이 있었다. 그런데 공연히 우리는 말다툼을 하였다. 나는 편지 속에 막 핀 개나리꽃 가지를 따서 넣어 보냈다. 그런데 그 보내진 개나리꽃이 다시 돌아왔다. 그 이유를 나는 너무도 잘 알 수 있었다. 그리고 그렇게 안심될 수 없었다. 어떤 의미에서 그것이 돌아오기를 기다렸는지 모른다.

그래서 나는 봄을 잊을 수 없다. 그래서 나는 봄의 빛깔을 잊을 수가 없다.

춘천에 춘광의원(春光醫院)이란 병원이 있다. 그곳은 금테 안경을 쓴 깨끗한 인상의 의사가 사십 년 가까이 경영하는 병원이다.

그 병원 긴 담을 둘러 개나리가 심어져 있다. 치료비 없는 환자들로부터 미안함을 덜기 위하여 일부러 그 의사가 청하여 받은 개나리란다.

오랜 세월 자란 개나리여서 울타리 안은 개나리 숲을 이루고 있다. 그러나 나는 한 번도 그것을 아름답게 느껴본 일이 없다. 지금 생각하면 그곳을 봄에 가본 일이 없어서일 것이다.

개나리는 봄을 위하여 있는 꽃이 아닌가. 개나리가 없는 봄을 생각할 수는 없다. 만일 내가 그 개나리가 활짝 핀 광경을 보았더라면 잠시라도 칙칙한 개나리 숲의 인상을 생각하지 않았을 것이다. 언젠가 한 번 개나리 계절을 골라 그곳을 찾아야겠다.

봄만 되면 나는 잘 앓았었다. 어려서 가슴을 앓았던 일이 있어 조금만 몸이 아파도 얼핏 병원에 가서 엑스레이를 찍었었다. 이런 일은 모두 봄에 있었던 일이다. 내가 찍은 엑스레이의 수가 어쩌면 내 나이만큼은 될 것 같다.

엑스레이 촬영실은 항상 썰렁하였고 가슴에 대는 판은 차가웠다. 그런데 그때 그 의사가 나의 친구 O양의 남편이 되었다. 내가 O양의 결혼식에 갔더니 바로 그 신랑이 나의 의사가 아닌가! 나는 이상한 감정으로 끝날 때까지 거기에 서 있었다. 그때의 부끄러움과 쑥스러움으로 이상했던 감정을 아직도 잊을 수가 없다.

나는 한 해 봄을 완전히 병원에서 보낸 일이 있었다.

'4월은 잔인한 달…' 하고 엘리어트의 흉내를 내며 일기장에 낙서를 하며 누워 있었다.

정말 그 봄은 지루하고 잔인했었다. 다시 일어나 집으로 갈 것 같지가 않았다. 봄의 우울함이라든지 봄의 외로움이라든지 하는 것을 그리도 절실히 음미해 본 것은 그때를 빼놓고는 다시는 없었다.

나는 노란 개나리꽃을 보냈던 남자와 결혼을 하였다. 개나리꽃이 한창 필 때 약혼을 했다. 그 후 봄은 열일곱 번이 지나갔다.

봄이면 나는 창경원부터 찾는다. 아이들에게 동물 구경을 시켜 주기 위해서다.

창경원 놀이터에서 제일 먼저 목마를 탔었던 나의 꼬마가 지금은 고등학교에 다닌다.

이젠 동물 구경을 시켜 줄 꼬마가 다 자라서 갈 일이 없다.

(1977)

제단의 꽃과 어머니와 기도

성당에 가면 늘 앞자리에 가서 앉는다. 제단 앞의 꽃이 아름다워서이다.

나의 어머니는 앞자리에 앉으셨다. 제단과 가까울수록 하느님 앞에 가까이 앉는다는 말씀이셨다. 그때 그 어머니의 설명은 나에게 아무런 흥미를 느끼게 하지 않았었다.

오래간만에 오늘 나는 성당에 갔다. 일요일엔 무슨 일만 생기면 핑계대고 미사를 빠지곤 하였기 때문에 실로 오래간만에 성당에 간 것이다. 그리고 앞줄에 가서 앉았다.

긴 중앙 통로를 따라 맨 앞줄까지 걸어가는 데에는 용기가 필요하지 않은 것은 아니다. 그러나 이젠 그런 용기에도 익숙해졌다.

오늘 제단에는 흰색 글라디올러스와 연 오렌지색의 장미가 꽃꽂이되어 있었다. 제단 전체를 가릴 듯이, 듬뿍 장식되어 있는 그 꽃들의 빛깔의 조화이며 모습이 천사를 느끼게 할 만큼 아름다웠다. 순간 나의 마음과 몸도 꽃과 같이 아름다워지는 것 같았다. 나를, 오늘, 이 좋은 자리에 나와 앉게 해 준 보이지 않는 힘에 대한 감사한 마음이 함께 들었다.

의자에 앉자마자 성호를 긋고 눈을 감았다. "어머니, 감사합니다. 그리고 하느님 감사합니다…" 나의 기도는 이렇게 어머니로부터 시작된다.

그토록 나에게 성당에 나가기를 원하던 어머니가 돌아가신 지 8년이 지났다. 어머니가 암으로 누워 계실 때 한 친구가 찾아와서 나에게 일러주었다. "어머니 머리맡에서만 있는 것보다 어머니가 살아 계실 때 네가 성당에 나가는 것이 더 큰 효(孝)가 아니겠니?"

나는 친구의 말에 떠밀려서 성당에 나갔다. 어머니는 그 이튿날 새벽에 돌아가셨다. 미소 지으면서 눈을 감으셨다. 이제는 더 이상 이 세상에서 하실 일이 없다고 생각하신 모양이다. 하나밖에 없는 딸자식을, 어머니의 외로운 인생을, 믿고 의지하던 하느님께 맡기신 안도의 미소였을까, 두 눈을 감으신 어머니의 얼굴은 그리도 평안하고 고왔다.

실은 제단 앞자리까지 가서 앉는 것은 그 전에 흥미 없이 들었던 어머니의 믿음을 따르려는 뜻에서였으나 나는 내 딸들에게 "꽃이 아름다우니 앞으로 가자"고 하였던 것이다. 앞자리에 앉으면 제단의 꽃이 나를 반기고, 그 꽃들을 볼 때마다 나는 어머니를 생각한다. 눈을 감고 기도하면서 나는 어머니의 웃음 띤 얼굴과 마주한다. 어머니를 통하여 찾게 된 하느님, 그 하느님이 나에게 어머니를 만나게 해 주고 계심을 깨닫는다. 혼자 계시고 있는 어머니를 모시고 있는 동안 괴롭혀 드렸던 만큼 더 밀려오는 그리움, 바로 그 어머니가 앉으시던 자리에서 나는 기도 속에서 어머니를 만난다. 이 고마운 힘, 나는 기도 이외에 아무 생각도 할 수 없다.

나이가 들면서 나의 기도는 점점 길어진다. 어머니가 하시던 긴 기도의 뜻을 깨달으며 나도 긴긴 기도를 올린다. 매년 늘어가는 가족을 위해 기도드린다. 올 봄에 초등학교에 들어간 외손자와 유치원에 다니는 외손녀, 큰딸과 사위, 아직도 시집 안 간 둘째, 작년에 애기 낳고 산후가 안 좋아 고생한 셋째와 그 가족, 이제 막 첫 애기를 가진 넷째와 그 애 신랑 등등, 그리고 인생의 가을에 와 있는 그이와 나—.

나는 오랜 기도를 끝마친다. 제단의 꽃은 여전히 아름답다.

아름다운 꽃을 감상할 수 있음은 큰 은혜였다.

(1988)

그는 하나의 거목 巨木

채영석(蔡永錫)!

이 이름은 나의 외조부라는 친근성(親近性)보다 나의 스승으로서 오늘의 나를 형성하는 데 길잡이가 되었고 나의 모든 가치관의 척도처럼 되어 준 분이었다는 것을 나이를 먹으면서 더 확실히 깨닫게 된다. 내가 무의식적으로 하는 동작이나 집안에서의 내 아이들에 대하는 나의 태도에 내 자신도 깜짝 놀랄 정도로 그를 닮았다는 것을 발견할 때가 있다.

그러나 이상한 것은 그때 나는 그분한테서 구체적으로 가르침을 받을 수 있는 연령은 아니었는데 어떻게 그처럼 큰 영향을 받을 수 있었을까 하는 일이다.

그는 구 대한제국 고급 장교였으며 나라가 망하자 다시 신식 의학 공부를 시작하여 80세로 세상을 떠날 때까지 인술(仁術)에 몸 바친 분이다. 더구나 이제는 그분이 처방한 약의 이름마저 찾아볼 수가 없으나 근대 한국에 있어서 이 분의 비방인 '억간산(抑肝散)'이란 약은 우리의 어린이를 지켜 준 명약이었던 것을 나는 똑똑히 알고 있다. 그때 나는 할아버지의 약을 구하려고 먼 시골에서 줄지어 찾아오던 수많은 병자를 목격했던 것이다.

할아버지에 대한 유일한 기억은 그의 방으로 들어가면 언제나 약 냄새가 풍겼던 일이다. 그래서 후일 나에게 있어서 약 냄새는 곧 나의 할아버지를 생각하게끔 되었다.

깃털이 달린 군모(軍帽)에 많은 훈장을 가슴에 붙인, 큰 액자 속의 할아버지 사진을 아직도 볼 수 있으나 그보다도 나에게 남은 인상은 중절모(中折帽)에 망토를 입으시고 검은 가죽 가방을 든 그분의 풍채이다. 그는 왕진 가실 때 언제나 인력거를 탔었는데 그 모습이 나에겐 위엄과 존경의 그런 것이었다. 지금도 기억하지만 그는 멋진 신사였다.

외할아버지 집에는 아름다운 소리를 내는 큰 대리석의 시계와, 깊이 파인 조각이 있는 액자 테두리의 큰 거울이며 중국의 화류(樺榴)로 만든 책장이며 큰 병풍들이 많았다.

그러나 내가 커서 그런 골동품의 가치를 알게 되면서는 할아버지 집으로 찾아갔을 때, 이미 그 화려하던 물건들은 모두 없어지고 다만 그 멋진 조각이 있던 두꺼운 유리의 거울이 값싼 호마이카를 칠한 나무틀에 바꿔 끼어져 있는 것을 보았을 뿐이다. 할아버지가 세상을 뜨면서 나의 외가는 그렇게 몰락하고 만 것이다.

특히 나의 가슴을 아프게 한 것은 그가 가지고 있는 완고한 윤리관 때문에 갑자기 세상을 뜬 사실이다. 그것은 그의 아들이며 나의 외삼촌이 병으로 죽자, 그의 젊은 아내가 할

아버지가 그렇게 애원하며 말리는 것도 듣지 않고 개가했기 때문이었다. 그래서 그는 그 부도덕에 깊은 마음의 상처를 입게 되셨고, '마음을 편히 가져야 낫는다'는 그의 지론(持論)대로, 마음의 평화를 얻지 못하고 와병(臥病) 3일 만에 세상을 하직한 것이다. 그때가 나는 초등학교 3학년 때였다.

그런데, 그 전날 할아버지가 돌아가신 꿈을 내가 꾸었던 것이다. 그래서 그 꿈 얘기를 외할머니한테 했더니 그 후 오래도록 우리 가문에서는 외손녀인 나의 꿈 얘기가 끝나지 않고 입에 오르내렸다.

"경희에게 할아버지가 말하고 가셨다"는 그런 미신과 같은 얘기였다.

그 후 나는 쭉 할아버지처럼 되리라고 생각하였으며 대학으로 갈 때 그 전공 학과를 택할 때도 별로 큰 생각도 않고 마치 레일을 달리듯 나는 약학을 선택하게 된 것이다. 나는 당연히 할아버지처럼 되고 싶었고, 필경 할아버지가 나에게 그것을 원했던 것처럼 생각되었기 때문이다. 특히 할아버지가 위대하게 느껴진 것은, 한 번은 할아버지 집에 들렀더니 긴 회초리로 외사촌 오빠를 때리고 계셨다. 그래서 집안은 온통 부산하였다.

그것은 아직 초등학교 5학년밖에 안 되는 그 오빠가 어디선가 잎담배[葉煙草] 한 묶음을 가져다 담배를 좋아하시는 할아버지에게 드렸는데, 그것이 바로 길에서 리어카에

싣고 가는 잎담배를 뒤에서 몰래 **빼왔다는** 것 때문이었다. 그리고 할아버지는 그날부터 즐기던 담배를 끊으셨다.

나는 그때 공연히 담배를 피우시지 않는 할아버지가 불쌍하였으면서 어느 때까지 금연하시나를 항상 눈 여겨 보았다. 그러나 할아버지는 끝내 다시 담배를 입에 대시지 않았다.

만사에 있어서 자기 자신에게 단호하셨던 그분은 나에게 남성의 거목과 같은 이미지를 심어 주었고, 여자는 도저히 남성에게 미칠 수 없다는 것을 보여 준 분이었다.

(1971)

2부 | 왕자와 공주

작은 창문에도 하늘은 있다

나의 사무실엔 창문이 없다.

나는 창문을 통해 사람이나 자동차가 지나가는 것을 보고 싶은 것이 아니다. 다만 하늘이 보고 싶을 따름이다.

하늘은 나의 좋은 친구가 되어 줄 것이다. 나는 창문이 갖고 싶다.

창문은 크지 않아도 좋다. 작은 창에도 하늘은 들어올 수 있기 때문이다. 나는 나만의 하늘을 갖고 싶다.

풀 한 포기를 심을 나만의 땅을 갖고 싶듯이 나의 꿈을 심을 하늘을 갖고 싶은 것이다.

사과나무가 하늘을 향해 자라듯 나의 꿈도 높은 하늘을 따라 자랄 것이고, 금빛을 반사하며 조잘대듯 춤추는 나뭇잎들처럼 나의 꿈도 싱그러울 것이다.

마침내는 파란 바탕 위에 꽃을 피우겠지. 화려하고 예쁜 꽃은 열매도 맺을 테지. 그러면 나는 두 팔을 벌리고 떨어지는 열매를 받을 것이다.

나의 하늘을 갖는다는 것은 즐거운 일이다. 창문은 작아도 그곳엔 넓은 하늘이 있다. 무심할 때 바라볼 트인 하늘이 있다.

  내가 맨 처음으로 하늘을 그린 것은 유치원 때의 일이다.
  그때 크레용으로 그린 나의 하늘은 마냥 넓었다. 그래서 언제나 파랑색이 제일 먼저 닳아지곤 하였다.
  힘껏 칠하느라고 크레용이 부러지기도 하였다. 부러진 파란 크레용은 내 마음을 언제나 슬프게 하였다.
  나는 파란 하늘을 그린 위에 구름도 그렸었다. 하늘엔 구름이 있어야 된다는 생각을 하였나 보다.
  그런데 파란색을 기껏 칠해 놓고 그 위에 구름을 그렸기 때문에 나의 구름은 언제나 새하얗지가 못했다.
  때때로 나는 파란 하늘에 노랑나비를 그려 넣기도 하였다. 꽃에 딸린 나비를 그렇게 멀리 그려 놓았던 것이다.
  땅을 그리면 반드시 하늘도 그렸다. 하늘을 가린 높은 빌딩의 뉴욕 아이들은 하늘을 네모나게 그린다지만 나의 하늘은 그저 넓기만 하였다.
  어려서 동네 배추밭 위의 하늘이 넓었기 때문이다. 그 하늘엔 늘 나비가 와서 놀고 있었다.
  먼 하늘을 볼 때면 초등학교 때의 담임선생이 문득 그리워진다.
  왜 그럴까?
  먼 하늘이 있기에 가고 싶기도 하다. 하늘엔 표정이 있어서 좋다. 창문에서 볼 수 있는 것은 그 하늘의 표정이다.
  나의 사무실엔 창문이 없다. 형광등 불빛으로 간신히 어둠만을 밝힐 따름이다. 하늘의 표정을 볼 수 있는 창문이 있다면 나의 표정도 더 부드러울 수 있는 것이 아닐까?

 온종일, 만들어진 불빛 아래서 산다는 것은 하늘의 혜택을 잃는 일이다. 그리고 끝내는 그 자유와 세월을 잃어버리는 일이다.

 작은 창문의 하늘에도 향수를 느끼는 것은 이 때문이다.

(1976)

뒷골목

언제부터인지 나는 큰길을 두고 좁은 뒷골목을 즐겨 다니는 버릇이 생겼다.

어렸을 때 뒷골목에 살았던 탓일까. 종로 뒷길을 다닐 때마다 그때 생각이 난다. 어머니는 나에게 '군자대로행(君子大路行)'이라는 외할아버지께서 일러주셨다는 말을 하시면서 큰길로 다니라고 하셨지만 말이다.

어려서 우리 집은 종각(鐘閣) 뒷골목에 있었다. 그 골목 입구에는 상점들이 많았다. 한 번도 그 상점에서 물건을 사 본 일은 없었지만 갓끈이라던가, 비녀, 족두리 등이 있었던 기억이 난다. 우리 집 뒷문 바로 앞에는 백합원이라는 요릿집이 있었다. 저녁 무렵이면 골목으로 창이 난 주방에서 요란한 도마 소리와 함께 갖가지 음식 냄새가 새어 나와 좁은 골목 안을 온통 진동시켜 정신없이 뛰어놀다 돌아오는 나에게 허기증을 느끼게 하곤 했다.

백합원 지붕 밑에는 비둘기장이 길게 달려있었다. 비둘기들은 점점 식구가 늘어나서 어떤 때는 한집에서 세 마리,

네 마리씩 몰려나오곤 하였으며 가끔 골목 안을 지나는 사람의 머리나 어깨 위에 예쁜 짓을 하기가 일쑤였다.

이른 새벽 나는 이 비둘기의 꾸룩 꾸룩 소리를 잠자리에서 들으며 몹시 슬픈 감정 속에 이불을 덮어쓰던 생각이 난다. 아마 추운 겨울 날 아침이면 더욱 그렇게 느꼈었던 것 같다.

밤이 되면 항상 골목 안은 시끄럽고 소란하였다. 해가 어둑 거리기 시작하면 술렁술렁 골목 안으로 찾아드는 신사들—, 나는 왜 그런지 이렇게 생기 도는 밤이 오는 것이 즐거웠다.

골목 모퉁이에 있는 '다이아몬드'라는 이름의 바에서는 쿵작거리는 음악소리와 함께 붉은 빛의 전등이 골목 안의 어두움을 화려하게 물들게 해주고, 그 앞을 지나가는 사람들의 얼굴에 붉은색의 불빛이 비춰질 때 나는 가슴이 두근거릴 정도로 어떤 흥분의 세계에 대한 동경을 해 보곤 했다.

밤이 깊을 때까지 주정꾼의 외마디 소리와 돌부리에 채이는 구둣발 소리. 그럴 때마다 신경질적으로 개들이 짖어대는 소리가 골목 안을 시끄럽게 했다. 이런 속에서도 아버지의 발걸음 소리를 나는 용하게 찾아내곤 했었다.

골목 안의 밤은 무척이나 길었던 것 같다.

그 골목 안에는 또 바느질집이 있었다. 지붕의 기왓장이 이마에 닿을까 말까 하는 자그마한 집의 유리문 속에는 언제나 바느질하는 아줌마가 인두판을 무릎 위에 놓고 일하고 있는 모습이 보였다. 나는 색색이 조각 헝겊을 얻으러 바느질집에 자주 드나들었다. 그럴 적마다 물속에 담가 놓은 반달 모양의 하얀 풀 조각을 먹어보고 싶어 하던 생각—.

젊은 나이에 과부가 되어서 바느질삯으로 자식의 학비를 대고 있다는 바느질집 아줌마에게서 어린 마음에도 어떤 숭고한 절개 같은 것을 느꼈던 것을 아직도 기억하고 있다. 그래서 지금도 무교동 뒷골목의 바느질집 앞을 지날 때면 옛날 그 바느질집 아줌마와 곧 연결되어 생각되곤 한다.

며칠 전 나는 문득 그 골목이 그리워서 들어섰다. 그때나 이때나 조금도 변함없이 번잡한 골목 안의 생리—.

풍로를 골목길에 내어놓고 열심히 빈대떡을 부치고 있는 대폿집 아줌마—.

"어서 오십쇼—!" 소리를 연발하며 덮어놓고 길 가는 사람들에게 허리를 꾸벅거리는 천진한 술집 종업원들—. 겨우 담 밑까지 밖에 햇볕이 깔리지 않는 곳에 약재를 널어놓고 뒤적거리고 있는 한약국 집 영감님—. 따르릉 소리를 요란하게 내며 골목을 비집고 가는 자전거 탄 청년—.

'뒷골목 인생'이란 말이 이래서 생겼을까. 나는 이러한 인간생활을 볼 수 있는 뒷골목에 한없는 애정을 갖는다.

언젠가 일본에 갔을 때도 뒷골목 길을 택하여 걸은 적이 있다. 외국의 정말 풍경은 그 골목을 찾아봐야 한다는 앞서 여행한 선배의 충고가 없었던 것은 아니지만, 여하튼 그래서 나는 뒷길을 곧잘 걸었다.

건물양식이나 상품의 포장은 달라도 동서의 공통된 것은 뒷골목의 독특한 생리였다. 그것은 한마디로, 제한된 면적 속에서 할 수 있는 재주를 다 부린 인간들의 철저한 호객술(呼客術)이라고나 할까. 모두 직접 알몸을 드러내 놓고 지가를 상품화시키고 있는 것이 다를 뿐.

뒷골목에서 인간을 느끼는 것은 이 때문이 아닌가. 나는 내 나름대로의 어떤 정의를 내려 보는 것이다.

세상이 고도로 발달하고 GNP가 어떻게 되고 하여도 뒷골목에서의 변함없는 두부찌개 냄새며, 한 번도 그 미담이 세상에 알려져 본 일이 없는 절개의 과부가 그리도 많을 수 있다는 것….

이제 메인 스트리트의 변화에 밀려 결국 이런 골목길도 없어질 테지—.

그러면 적어도 나의 인생의 아름다운 반은 잃는 것이 아닌가, 해서 공연히 나는 슬퍼진다.

(1971)

봄 시장

봄 시장이 펼쳐진 골목길을 지난다. 씀바귀, 쑥, 달래 등. 눈을 번쩍 뜨게 하는 선명한 연두색 봄 빛깔이 새삼스럽게 나를 놀라게 한다.

"사람들이란 정말 못 먹는 풀이 없구나."

계절에 따라 용케도 이런 풀들을 찾아낸 아낙네들의 섬세한 눈이나 향기로운 마음씨―. 서울 한복판에서 대하곤 마음속으로 계속 환성을 올린다.

물기가 있어 싱싱한 이런 봄나물들에 나는 참을 수 없는 식욕을 느낀다. 빛깔이 좋은 고추장이나 보글보글 끓는 된장찌개 냄새와 연결시켜 나는 소박한 식탁을 꾸며본다.

봄 시장에서 나는 처음으로 여자임을 확인한다. 바쁜 생활에서 내가 어느 성에 속해 있었는지 까마득히 잊고 지내 온 때가 너무도 많다. 오래간만에 나는 부드러운 여성을 되찾은 느낌이어서 기뻐지기도 한다.

작은 점포 기둥에 주렁주렁 매달아 놓은 굴비들이 모두 입을 벌리고 있는 것을 보고 혼자 소리 내어 웃는다. 다른 사람들은 필경 혼자 웃는 나를 이상하게 여기겠지….

"조기들이 괴로웠나 보지? 모두 저렇게 소리 없이 똑같이 입을 벌리고 있으니—."

마늘도 그 곁에 걸려있다. 참 작년에 김장하고 남은 마늘이 어떻게 되었더라? 오늘 집으로 돌아가면 챙겨봐야겠다.

시장 길을 막고 선 리어카들 위에는 온갖 고무신, 온갖 그릇, 온갖 액세서리들이 실려 있다. 늘 무관심하게 지나치곤 했던 이런 잡품들을 가까이 보고 그렇게 재대로 만들어진 것에 놀라고, 그렇게 값싼 것에 놀란다.

꼬마를 데리고 멋있는 양장의 젊은 여인이 이쪽으로 오고 있다.

이 여인—. 어디선가 본 낯익은 얼굴이다. 인사할까 말까? 그런데 저쪽에서는 전혀 모르는 눈치다. 다행스런 마음으로 나는 그와 스쳐간다.

봄 시장은 그대로 꼬불꼬불 계속된다. 그리도 청신할 수가 없다.

봄은 봄인 모양이다.

(1977)

늦가을 비

한 곳을 응시하며 담배를 깊이 빨아 넘기는 신사를 보면서 나는 찻집에 앉아 있었습니다.

나도 그 신사처럼 차를 음미하면서 마셨습니다. 때로는 여자에게도 남자에 못지않은 생각이 있는 법입니다.

그날 오후는 비가 와서 따스한 난로가 그리워 줄곧 그곳에만 앉아 K여사를 기다리는 참이었어요. 그녀가 온다는 시간이 많이 지났으나 나는 그대로 기다리고 있었습니다.

축축이 젖은 코트도 대강 말라가고, 오래간만에 나도 나의 시간을 갖는 것 같았습니다. 이대로 만날 사람이 오지 않는대도 나는 별로 탓하고 싶지 않게 마음이 마냥 편한 채로 앉아 있었습니다. 사실 밀린 일들을 깨끗이 청산한 후였고 다른 약속도 없었기 때문이었습니다. 이런 때면 핸드백 속을 뒤지는 버릇도 나에겐 있습니다. 백 속에는 어제 받은 노르웨이에서의 편지가 있었습니다.

지난 봄, 그곳에 갔을 때 우연히 공원에서 만나 사진을 찍어 받은 한 노신사로부터의 편지입니다. 그리도 조용한 음성으로 공원 안의 석상(石像)들을 설명해 주며 친절히 안

내까지 해준 분이었습니다. 유난히 많이 붙은 우표에서부터 겉봉의 글씨까지—. 다시 한 번 음미하면서 내용을 읽어 봅니다. 그렇게 잘 써진 글씨는 아닙니다.

다정한 친구 경에게!
약속했던 사진들을 보내드립니다. 이렇게 시간이 오래 걸렸군요.
오늘은 겨울채비를 위해 바다에서 보트를 거둬들였습니다. 요 며칠은 눈과 찬바람 때문에 별로 즐거운 일이 없었습니다. 이제 동면(冬眠)이나 해야 할까 봅니다. 당신 같은 사람이 이곳에 와서 나의 시간이나 함께 해주지 않는 한 나는 곰 모양 그런 일이나 하는 거죠.
돌아가셔서 좋은 글이나 쓰셨는지요? 혹 책이라도 내셨다면 한 권 받아보고 싶군요. 이다음에 또 노르웨이에 오시면 꼭 연락해 주십시오. 무엇을 볼 것인가 우리 함께 생각해 보기로 하죠.
손이 점점 얼어 와서 이 편지를 더 이상 쓸 수 없군요. 글씨가 엉망이 되었습니다. 그러나 대체의 뜻은 알 수 있으리라 믿습니다.
이제 고만 쓰겠습니다. 몸 건강하시기를. 꼭 한 번 노르웨이를 다시 찾아 주십시오.
— 당신의 노르웨이 친구 쟝 랄센으로부터

여행이란 인생에게 정말 많은 것을 가져다줍니다. 설령 그것이 큰 목적이 있는 것이 아니었다고 하더라도 말입니다. 짧은 편지였으나 나는 그 편지로 해서 지난 여행의 일들을 생각하였습니다. 나는 다시 그분께 쓸 회신을 생각하였습니다.

··· 광화문이라면 당신이 모르시겠지요. 우리나라 중앙청을 마주보는 제일 큰 거리랍니다. 지금 그곳의 그린벨트에는 은행나무의 노랑 잎새가 깔려서 아름답기 그지없습니다. 나는 낙엽을 보면 이상하게 먼 곳을 생각하는 버릇이 있습니다.···

대개 이 정도의 편지 서두를 생각하고 또 차를 마셨습니다.

편지를 쓸 곳이 있다는 것은 때로는 나를 행복하게 합니다. 나는 아직 나의 연륜에 맞지 않게 많은 것을 한꺼번에 생각하고 그것을 감당하지 못하여 지쳐버리는 철없는 데가 있는 것을 압니다. 그러나 다른 사람에게 피해를 주는 일이 아니니까 크게 말을 들을 일은 없습니다.

비가 오고 추워서인지 K여사가 오는 시간이 늦어지는 깃 같습니다. 허긴 나도 그렇지만 여자란 그런 거지 뭐. 무슨 구실만 있으면 그렇게 되는 것이 아닙니까? 나도 전에 번번이 그녀와의 약속을 차 때문에 늦었다고 변명하였으니까 말입니다.

앞에 앉았던 긴 호흡의 신사도 가버렸습니다. 대체 왜 그는 그토록 깊이 담배를 빨아 넘겼을까, 잠시 생각하여 봅니다만 금세 또 다시 오지 않는 K여사의 일을 생각하였습니다.

늦가을 비 57

핸드백 속에는 또 다른 생각거리도 있었습니다.
한나절 찻집의 그 난롯가는 따스하였습니다.

(1973)

왕자와 공주

 '호랑이 담배 피우는 집' 옆 골목으로 들어가면 막다른 곳에 굉장히 큰 부잣집이 있었다.

 대문이 어찌나 큰지 동네에서는 그 집을 큰대문집이라고 부르고 있었다. 큰대문집은 안채니, 사랑채니, 바깥채니 해서 군데군데에 방과 마루들이 있었으며, 집 뒤뜰에는 동산이 있어서 아이들이 가서 놀기에는 가슴이 울렁거릴 정도로 어마어마했다.

 그 집에서는 함부로 아이들이 들어오질 못하게 하였기 때문에 별로 동네 아이들은 그 집에 가서 놀지를 않았다. 그 집에는 나와 유치원 한반에 다니는 남준이라는 사내아이가 있었다. 나의 어머니와 남준이 어머니는 서로 가깝게 지내고 계셨기 때문에 나는 어머니를 따라서 자주 남준이 집에 갔었다.

 남준이와 나는 같은 유치원에 다니니까 서로 친하게 지낼 수도 있었는데 남준이는 동네 딴 사내아이들이 하는 것같이 나에게 장난을 치거나 괴롭히지도 않았고 항상 나만 보면 슬그머니 다른 곳으로 가버리곤 하였다.

남준이 어머니는 울긋불긋한 그림이 그려져 있는 기다란 다락문을 열고 깨엿이라든가 강정, 약과, 그리고 귤 같은 것을 꺼내 주시며 그걸 가지고 남준이하고 같이 놀라고 하셨다. 나는 남준이가 나를 보고도 아무 말 없이 나가 버렸는데 어떻게 내가 남준이한테 가서 말을 붙일 수 있을까 생각하며 그대로 앉아 있곤 하였다. 남준이 어머니는 남준이가 있는 방으로 나를 데리고 가서 남준이더러 친구가 왔으니 같이 놀라고 하셨다.

　남준이는 자기 방에 하나 가득 그림책을 꺼내 놓고는 나는 처다보지도 않고 책만 보는 체 하였다. 남준이는 '고오단샤노 에흥'(講談社의 그림책)을 많이 가지고 있었고 내가 그 집에 갈 때마다 언제나 그렇게 방바닥에 가득 꺼내놓곤 했었다. 이들 그림책에는 재미나는 그림이 많이 있었고 남준이는 내가 그 책을 무척 좋아하고 있다는 것을 알고 있었다.

　결국 남준이와 나는 그 책을 한 권씩 들고 뒷동산에 올라가 돌 의자에 나란히 앉아서 보곤 하였다. 나의 어머니가 나를 부르러 올 때까지 둘이는 말도 별로 하지 않았지만 남이 보기엔 꽤나 다정하게 보였을는지도 모른다.

　나는 말을 잘 하지 않는 남준이를 무척 좋아했던 것 같다. 늘 좋은 옷을 깨끗이 입고 머리는 길게 상고머리를 한 남준이를 속으로 고오단샤노 에흥에 나오는 왕자 같다고 생각하면서, 나는 또 마음속으로 거기 나오는 어느 공주가 되어보곤 했던 것이다. 왕자와 공주는 서로 말없이 좋아하였다.

때문인지 남준이 집에서는 남준이 어머니로부터 남준이 누나에 이르기까지도(그때 남준이 누나는 여학교에 다니고 있었는데 나는 어른으로 생각하고 있었다) 나를 남준이 색시라고 불렀던 것이다.

언젠가 남준이가 하도 울어서 "너 그렇게 울면 경희한테 장가 안 보낼 래" 하였더니 울음을 그치더라는 것이다. 그 후로 나는 남준이 색시가 되었는데, 나는 속으로는 좋아했지만 그런 말을 들을 때는 부끄러워해야 하는 것이라고 혼자 생각하고 있었다.

남준이 집에는 자가용 자동차도 있었다. 나는 남준이 덕에 지금의 명동성당 앞 YWCA 자리에 있었던 유치원까지 자동차를 타고 다녔다. 아마 내가 자가용 자동차라는 것을 타 본 것은 이것이 처음이었던 것 같다.

남준이네 자동차를 타고 유치원에 가서 내릴 때나 집 근처에서 내릴 때면 으레 아이들이 우우 몰려오곤 하였는데, 그럴 때마다 겉으로는 뽐내는 체 하였지만 속으로는 좀 부끄러운 생각이 들어서 나는 자동차에서 내리기가 무섭게 언제나 달아나 버리곤 하였다.

어머니는 열심히 서둘러서 그 차편에 나를 태워 유치원에 보내려고 하셨지만 나는 그러한 어머니를 남준이네 집에서 싫어하면 어떡하나 하였다.

나는 차 속에서 둘이만 있을 때도 남준이가 여전히 말을 안 해서 그랬는지 공연히 남준이 앞에서는 우리 집이 굉장히 가난한 것같이 생각되어, 내가 입고 있는 옷도 다시 한 번 내려다보고 도시락 주머니도 다시 한 번 만져 보곤 하였다.

그럴 때면 오직 한 가지 "너희 집 뒷동산의 전등은 우리 아버지가 달아준 거란다. 너 알고 있니?" 하고 입 속으로 중얼거리곤 하였다.

남준이 집에서는 뒷동산에 있는 벚꽃을 밤에도 즐길 수 있게 한다고 전기회사에 다니고 계셨던 나의 아버지한테 부탁해서 전등을 달은 모양이었다. 물론 돈은 남준이네가 낸 것이고 우리 아버지는 그 설계라든가 공사만 거들어 주셨던 것인가 본데, 언젠가 나의 어머니께서 동네 집 부인들과 이야기할 때 "그거 경희 아버지가 전부 달아준 거예요" 하는 것을 들었던 일이 있었기 때문이다.

나는 남준이한테는 속으로 늘 그것을 뽐내고 있었던 것이다. 남준이와 나는 둘 다 유치원에서 말을 잘 안하고 울기 잘하는 아이로 손꼽히고 있었다. 한 번은 유치원 운동회 때 밤 줍기가 있었다. 선생님은 밤을 운동장 한가운데에 널찍하니 뿌려 놓고 호루라기 소리와 함께 아이들에게 밤을 주우라고 하였다. 나는 빨리 밤을 주우려고 하였는데 왜 그렇게 몸이 안 움직여졌는지? 그리고 다른 아이가 주우려고 하는 것에만 손이 갔기 때문에 결국은 몇 개밖에 줍지를 못하였다. 남준이도 덩달아서 내가 줍는 것에만 손을 내밀어서 나보다도 더 줍지를 못했다. 남준이와 나는 밤이 몇 개 안 들어 있는 소꿉 양동이를 들고 한참 동안 울었다.

언젠가 첫 아기를 가졌을 때 길에서 남준이 작은누이를 만난 일이 있었다. 남준이 누나는 나를 금새 알아보며 반가워하시더니, "경희를 보니 남준이 생각이 나는군 그래. 남준이는 지금 독일에 가서 아직 장가도 안 들고 공부를 하고 있지 뭐야. 아니, 뭔지 이상한 짓을 하고 있대…. 아유, 어쩌면…. 남준이가 있었더라면…. 그래, 어떤 데로 시집을 갔우?"

정말 나는 한참 동안 얼떨떨하였다. 약간 부끄러운 생각도 들면서―.

남준이가 그립다는(그런 것도 그리운 감정인지?) 생각도 들었지만 그토록 나와 남준이를 한 쌍으로 생각하였었나 싶었던 그 왕자와 공주 시절의 옛일이 떠올랐다.

(1970)

흰 눈과 미스터 오웰

눈[雪]은 그때마다 새삼스럽고 반갑다. 어려서의 기억에 눈과 연결되는 일이 가장 선명하며, 이 해의 반가움 역시 연말부터 내린 흰 눈으로부터 시작되는 것 같다.

방에서 키운 해미나리의 연한 줄기에서 눈의 향기로움을 맛보며 그 이파리의 싸늘한 체온에서 봄의 뜻을 읽는다.

매해 즐겨 쓰던 연하장의 매수도 어느새 놀라울 정도로 줄어 버렸고, 세배 드려야 할 곳이 몇 군데밖에 안 남은 오늘의 나의 인생에 대해 뭔가 생각게 하는 일이 많다.

엄마 손을 잡고 때때옷차림의 어린 나는 세배 갈 곳이 너무 많았다. 할아버지 집, 외삼촌 집, 신촌에 사시는 큰아주머니 댁…. 세뱃돈 받으면 더 오래 머무를 수 없이 다음 집으로 가야 했다. 그처럼 설날 나는 바빴고 나를 반겨 주는 어른들이 많았다. 이런 일들이 모두 눈과 눈길과 흰 빛깔로 연결된다.

그런데 소나무가지가 꺾이도록 쌓인 탐스런 눈의 모습이나 고속도로 위를 엉금엉금 기는 자동차 행렬을 안방 텔레비전에서 보면서, 흰 눈은 아름다운 정서가 아니고 사고나 장해의 대상으로밖에 이해되지 않게 되고 있는 것은 정말 슬픈 일이다.

　1984년 1월 2일, 새벽 1시를 기다려 백남준의 비디오 아트 〈굿모닝 미스터 오웰〉을 본다. 가까운 길도 눈에 덮여 교통 두절이라는데 바로 옆 채널에서 영국과 프랑스의 먼 공간을 잇는 프로그램을 이렇게 대한다는 것이 정말 새삼스럽다.

　그의 예술은 선명한 빛깔로 비춰 주고 있으나 나는 사실 그것을 이해하기까지 이르기엔 너무 멀리 있다는 것을 느낀다. 그저 그의 메시지 〈1984년〉이 희망적이고 행복하다는 것을 알 뿐이다.

　유명 인사를 놓고 그 사람이 내 동창이고 친구고, 하는 사람의 이야기를 들으면 그토록 경멸스러웠는데, 나는 이 밤, 온 지구촌에 비춰 줄 그의 새 시대를 고하는 영상예술을 대하면서, 바로 '그가 나의 어려서의 사내 친구였다'는 말이 어떻게 들리든, 필경 난해할 수밖에 없는 그의 예술을 이해하는 데 도움이 된다면 그 경멸스런 말도 하고 싶은 심정이었다.

　그러나 1시까지 계속 앉아 있을 수가 없어 시계를 맞춰 놓고 미리 잠자리에 들었다. 그것이 오히려 잘된 것인지도 몰랐다. 시간에 맞춰 내가 눈을 떴을 때에는 그때까지 지키고 있겠다던 아이들은 깊은 잠 속에 있었다.

　영상은 미리부터 너무 겁먹고 있었던 탓인지 생각보다는 즐겁고 재미있었다. 우선 《1984년》의 죠지 오웰을 들춰낸 표제(標題). 그것이 그곳 텔레비전 기획자들의 구미를 당기게 했을지 모른다는 생각도 들었다.

사실 나는 ≪1984년≫이란 소설이 이 세상에 있었다는 사실도 알지 못했다. 그것이 이번 연말부터 신문에 그 소설과 오웰이란 인물을 소개해 주면서부터 알게 됐을 뿐인데, '나의 친구' 남준이는 이런 상식적인 이름이 세계인에게 어떤 충격을 준다는 것을 알고 있었다는 것, 나는 그게 신통했다. 역시 그는 천재였던 모양이다. 어떻든 나는 세기적인 예술을 연출하는 천재친구의 현장을 목격한다는 그 사실만으로 흐뭇했다.

영상은 불연속적으로 바뀌고, 낯선 얼굴, 연주, 춤, 중복되는 화면과 색깔의 파문 등이 마치 텔레비전 수상기가 망가진 것이 아닌가 하고 착각할 정도로 혼란했어도, 친구 남준이의 것이라는데 내가 모를 것 뭐 있겠는가 하는 생각으로 보면서 어느새 친근감을 느낄 정도로 끝까지 즐겁게 볼 수 있었다.

마지막으로 그의 인터뷰가 있었다. 삼십여 년이 넘도록 한국을 떠나있었는데도 그리도 유창하고 유식한 단어를 구사하고 있어 얼마나 마음이 놓였는지 몰랐다. 그래 주길 바랐기 때문이었다.

밖에는 눈이 쌓이고, 어제 오늘, 이 겨울 최하의 기온을 기록하는 추위 속에서도 나는 이 해가 남준이가 예언하는 것처럼 유머러스하고 도처에 해프닝이 기다릴 것만 같아서 나이를 잊고 즐겁게 살아갈 수 있을 것 같다.

(1984)

# 3부 | 세계를 떠돈 어릿광대, 나의 젊은 날의 삶

지상의 낙원 에스파뇰라 섬
— 산토도밍고에서

Q시, 카라카스 공항 안은 무척 더웠습니다. 벽에 걸려있는 온도계가 섭씨 삼십 도를 가리키고 있더군요. 소매 없는 원피스 입고 나올 걸 그랬다는 생각이 들었습니다. 베네수엘라의 지도를 머릿속으로 그려 보았지요. 내가 도대체 지구의 어디쯤 와 있나 해서—.

도미니카로 가는 출발 시간까지 삼십 분을 기다려야 하는 동안 서울의 Y여사 컬렉션을 위해서 재떨이 한 개를 샀습니다. 조그만 기념품이지만 그렇게 오다가다 몇 개 산 것이 어느새 짐이 되어버렸습니다.

비행기가 활주로를 떠나자마자 곧 카리브의 푸른 바다가 펼쳐졌습니다. 베네수엘라를 마지막으로 남미 땅을 떠나고 있다는 생각에 공연히 감개무량해지더군요. 페루, 칠레, 아르헨티나, 파라과이, 우루과이, 브라질 그리고 콜롬비아…. 그러나 볼리비아를 들르지 않고 그대로 떠난 것은 아무리 생각해도 잘못한 일이었습니다.

서울을 떠날 때 해외 공관원 K씨가 그토록 말리지만 않았더라도, 나는 그 쿠바의 혁명가 게바라란 사나이가 죽은

볼리비아의 땅을 밟을 수 있었을 텐데 말입니다. 하긴 그의 말을 듣지 않았더라면 지금쯤 볼리비아의 수도 라파스 공항에서 호흡곤란을 일으키고 쓰러져 있을지도 모릅니다만. K씨의 만류 이유가, 처음 가는 사람은 해발 사천팔십이 미터의 라파스 비행장에서 산소부족으로 쓰러지는 일이 많다는 것이었기 때문입니다.

카리브 해의 바다 빛은 몹시도 푸르고 아름다웠습니다. 이년 전 이탈리아의 카프리 섬에서 본 지중해의 바다 빛이 생각나더군요.

카리브 해! 아, 이래서 모두들 햇빛 쏟아지는 카리브에 그토록 찬사를 보내는구나! 하고 생각했습니다.

멀리 안개가 끼어서 하늘인지 바다인지 분간할 수 없는 속을 비행기는 날고 있었습니다. 바다 위에 배가 한 척 지나가고 있더군요. 왠지 그 배가 외로워 보였습니다. 그래서 그 배가 가는대로 비행기도 함께 갔으면 좋겠다는 생각을 했죠. 그런데 우리의 비행기는 그 작은 배를 모른 체, 반대 방향으로 그냥그냥 가는 게 아니겠어요? 얼마 후 바다 위에는 아무것도 보이는 게 없었습니다.

비행기 안이 차츰 시원해지자 조금 전의 열대의 감각을 완전히 잊어버리는 듯 했는데, 동그란 창문으로 햇빛이 너무도 강렬하게 들어오고 있어 외부의 더위를 다시 생각하게 되었습니다. 나는 그 햇살 옆에서 생각나는 일들을 기록했습니다.

비행기가 뜬 지 얼마 안 되었는데 착륙을 알리는 안내방송이 들렸습니다. 벌써 산토도밍고인가 했더니, 그게 아니라 글라소라는 섬이었습니다. 그제야 그 비행기가 글라소를 경유한다는 것이 생각났습니다. 비행기 착륙과 더불어 바다는 어느새 옆에 와 닿아 있었습니다. 정말 눈 깜짝할 사이에 나는 어딘가에 와 있는 것이었습니다. 바닷가 모래 위에 배나무 키만큼씩 자란 선인장들이 멋없이 돋아 있었습니다. 그 쓸쓸하게 서 있는 모습이 남국의 정취를 느끼게 하더군요.

　글라소에서 타는 승객들은 대부분 흑인 남녀들이었습니다. 승객마다 양손에 쇼핑백을 들고 비행기 속으로 들어오는 모습들이, 마치 피엑스에 다녀오는 미군들을 연상케 했습니다. 그러고 보니 글라소가 자유항(自由港)이라 한 것 같았습니다. 어쩐지 조그만 섬의 공항 면세점에 고급 시계며 보석이며 하는 사치스런 물건들이 많다는 생각을 했으니까요. 인접 지역에서 이곳으로 일부러 물건을 사러 온다는 이야기를 카라카스에서 들었던 것 같습니다.

　흑인 아가씨들의 차림은 요란했습니다. 가발로 단장한 반드르르한 머리모양이며, 손가락마다에 낀 번쩍이는 반지와 손목에 찬 팔찌들. 그리고 짙은 향수 냄새―. 나는 촌여자처럼 자꾸 그들을 쳐다보게 되었습니다. 글라소를 떠난 지 한 시간이나 되었을까 했는데 비행기는 도미니카의 수도 산토도밍고에 닿았습니다. 하늘은 잔뜩 흐려있고 땅에는 많은 비가 내린 흔적이 있었습니다.

　이런 아름다운 섬에 와서 맑은 날씨의 바다를 보지 못하고 떠날까 봐 걱정을 했는데, 그것은 하루에 두 번씩 내리는 소나기라고 운전사가 일러주었습니다. 내가 그의 말을 똑바로 알아들었는지는 모르지만, 그의 브로큰잉글리시를 그런 뜻으로 들었습니다.

　카라카스에서 예약해 둔 호텔 앰버서더까지 공항에서 십 달러로 정하고 택시를 탔습니다. 영어를 아는 운전사는 별도로 취급받고 있었습니다. 그는 백미러로 나를 흘끔흘끔 쳐다보며 창밖으로 보이는 것들을 흥이 나서 설명해 주었습니다. 그러나 목소리만 컸지, 도무지 무슨 말인지 알아들을 수가 없었습니다. 그저 그가 이야기할 때마다 웬만하면 "시(Si)!" "시(Si)!" 하고 나도 브로큰스페니시로 응해 주었습니다. 그는 그때마다 그렇게 유쾌하게 웃으며 좋아할 수가 없었습니다. "그래, 너와 나도 인연이겠지! 이 먼 나라에 와서 네 수선 떠는 소리를 들으며 차 속에 앉아 있을 거라고 내가 꿈엔들 생각해 봤겠니?" 이렇게 속으로 생각하며 차창 밖으로 펼쳐지는 아름다운 해안에 눈을 돌리고 있었습니다.

　매끈히 뻗은 그 공항 길을 수없이 다녔을 운전사가 솜씨를 부려 멋지게 커브를 그려 달리면, 바다도 똑같은 커브로 줄달음치는 것이었습니다. 차가 시내로 들어가는 길목에서 신호를 기다리는 동안 차 옆으로 신문팔이 소년들이 모여들었습니다. 손에 든 신문들을 저마다 들이대며 나에게 사라는 게 아니겠어요? 어디를 가나 살아가는 방법이 이렇게 닮았을까요. 가난은 이 아름다운 섬에도 있었습니다. 갑자기 나는 여행의 낭만에서 인간살이의 현실로 돌아 온 기분이었습니다. 나는 맨발의 소년들의 발에 자꾸 눈길이 갔습니다.

앰버서더는 해변에 자리한 호화판 호텔이었습니다. 로비는 마치 아라비안나이트의 궁전을 연상케 했지요. Q씨. 아는 사람이 전혀 없거나, 그 나라에 대하여 너무도 생소하여 불안한 느낌이 들 때, 나는 안전책으로 이런 일급 호텔을 예약하곤 합니다.

콜럼버스가 제일 먼저 발견하고 그 아름다움에 반하여 '지상의 낙원'이라고 불렸다는 에스파뇰라 섬. 이곳에 내가 발을 딛고 서있다는 생각을 하니, 한국으로부터 엄청난 거리감 때문인지 어느새 콜럼버스시대로 돌아가 있는 느낌이었습니다.

나는 콜럼버스의 유해가 묻혀 있다는 사원을 찾아갔습니다. 콜럼버스는 자기가 죽으면 에스파뇰라 섬에 묻어 달라고 했다더군요. 그가 살았다는 집, 그리고 그가 타던 배 산타마리아호를 묶어 두었다는 선창가의 고목…, 이런 것들이 마치 무대 배경처럼 서있었습니다. 신대륙 최고(最古)의 도시라는 도미니카의 수도 산토도밍고는 역시 건물들이 많이 헐어 있었고, 오랜 식민지 생활의 가난을 군데군데에서 엿볼 수 있는 그런 인상의 도시였습니다.

숨 막히는 더위에 지쳐 나는 더 이상 구경을 못하고 호텔로 돌아오고 말았습니다. 시민들의 표정이 한결같이 지쳐 보였던 것도 아마 그 같은 더위 때문이었던 모양입니다.

호텔에 도착하자 억수 같은 소나기가 또 퍼부었습니다. 정말이지, 이런 지방에는 하루에 두 번씩 이 같은 소나기가 있어야겠구나, 생각했습니다. 맑은 물의 풀에서 수영을 즐기던 사람들이 쏜살같이 야자 잎 초막(草幕)으로 소나기를 피해 뛰어가는 모습도 여행자인 나를 신나게 하는 정경이었습니다. 그때 옆에서 한 백인 신사가 말을 건넸습니다.

"이런 것 한 장 찍으세요. 비의 배경이 멋진 기념이 될 겁니다."

나는 들고 있던 카메라를 그에게 내밀었습니다. 그가 셔터를 누르는 동안 내가 서있는 테라스로 비가 마구 들이쳐서 차가웠지만, 참을 만은 했습니다.

"이게 스콜인가 보죠?"

나는 중학교 영어시간에 배운 단어가 생각나서 한마디 써 봤습니다. 그런데, 그는 분명 영국 사람이었는데도 알아듣질 못하는 게 아니겠어요? 괜히 말을 꺼냈구나 했지만, 몇 번을 반복해 말했더니 그제야 "아아, 스콜 말이군요?" 하며 설명을 해주더군요. 그건 적도 부근 해상에서 내리는 소나기를 말하는 것이지, 육지의 경우는 그렇게 말하지 않는다는 것이었습니다.

Q씨. 외국어란 막상 사용할 때 이렇게 엉뚱한 실수를 하게 될 수 있음을 알았습니다. 여행은 산 공부라더니, 때론 이런 것도 배우게 되는군요.

(1974)

강력한 원색의 그림이 있는 나라, 아이티
— 포르토프랭스에서

　Q씨, 산토도밍고를 떠날 때 공항에는 비가 내리고 있었습니다. 아무도 배웅 나온 사람이 없는 카리브 해의 이 조그만 섬을 떠나면서, 내가 이곳에 며칠이나 있었다고 마치 고향 떠나는 사람처럼 서글픈 생각이 드는지 모르겠군요. '떠나는 항구'에 비가 내린다는 것은 어쨌든 서글픈 일임에 틀림없습니다.

　공항까지 나를 태워 준 택시 운전사가 짐을 내려 주곤 "봉 보야주!" 하고 가버리더군요. 비록 흑인 택시 운전사의 간단한 인사 한마디였지만, 그 말이 그렇게 정감 있게 느껴질 수가 없었습니다. 주책없이 감상적인 소녀처럼 말입니다.

　그와 나는 택시 안에서 많은 이야기를 나눴죠. 내가 묵었던 앰버서더호텔에서 공항까지 약 한 시간이 걸리는 거리였으니까 꽤 오래 이야기한 셈이죠. 여자가 혼자 여행하면서 공연히 아무나 만나 이야기를 나눌 순 없잖아요. 그럴 때 택시 운전사가 제일 말을 쉽게 건넬 수 있는 사람이니까 나는 늘 이런 식으로 한답니다.

"가족이 몇이세요? 수입이 좋습니까?" 저는 이런 것까지 물어본답니다. 그도 나에게 묻더군요. "내가 한국에 가면 쉽게 직장을 가질 수 있을까요?"

나는 한국 사정을 어떤 식으로 설명해야 할지 잠깐 생각하는 중이었는데, 그는 "역시 검둥이라 환영하지 않겠군요." 하는 것이었습니다. 나는 당황해서 그의 말을 얼른 부정했죠. 그런 뜻에서 머뭇거렸던 것은 결코 아니었기 때문입니다. 그런데 그렇게 말하는 그쪽의 태도가 너무도 태연하고 언짢은 기색이 없는 데에 나는 또 한 번 놀랐습니다.

비에 젖은 활주로를 달리는 비행기 창가에 앉아서, 나는 그 흑인 운전사를 생각하고 있었습니다. '비와 항구', 확실히 감상적이 되지 않을 수 없었습니다.

삼십분 만에 아이티의 포르토프랭스에 도착했습니다. 미처 지도를 꺼내어 카리브 해의 섬들을 들여다볼 시간도 없이 말입니다.

그곳은 과연 열대의 더위더군요. 입국 수속을 하고 있는데 한 젊은 아이티 신사가 나에게로 왔습니다. 나는 그가 우리나라 명예 총영사라는 것을 즉시 알아차렸습니다. 키가 호리호리하고 인상도 꽤 좋은 신사였는데 표정이 없더군요. 말하자면, "아, 어서 오십시오. 기다리고 있었습니다." 하는 형식적인 데라곤 전혀 없는 무뚝뚝한 남자였다는 거죠. 제스처와 표정이 풍부한 유럽풍의 신사를 원한 것은 아니었지만, 전혀 기대하지 않았던 것도 물론 아니잖겠어요?

하여간 그 사내가 영어를 유창하게 한다는 것은 나에게 큰 다행이 아닐 수 없었습니다. 아이티는 중남미에서 유일하게 불어 사용국입니다.

아, 잠깐—. 공항에서 느꼈던 아이티 인상을 다시 말하겠습니다.

세관에서 짐이 나오기를 기다리고 있는 동안, 건물 안을 두리번거렸더니 벽 두 군데에 이 나라 대통령의 사진이 걸려 있더군요. 그 나라 대통령의 얼굴을 미리 알고 있었던 것은 아니나, 그게 대통령 사진이라는 것은 직감할 수 있었습니다. 그 둘이 각기 다른 복장을 한 사진들이긴 했지만, 그것이 공항 벽을 장식한 전부였다는 사실이 그저 재미있게 생각되었습니다.

사실 이 나라에 대해서 약간 알고 왔는데, 그것이 바로 '파파 독'이라는 애칭을 가지고 십여 년 동안 대통령 자리를 누리다가 죽을 때 열 몇 살짜리 아들에게 자리를 물려주었다는 이야기여서, 사진들을 보는 순간 그런 이야기들이 생각났습니다.

아이티인 명예총영사는 자동차를 타기 전에 자기의 명함을 나에게 주었습니다. '이브 앙그라데. 대한민국 명예 총영사' 이렇게 적혀 있었습니다. 나도 그에게 명함을 주었습니다. 그는 앞만 보고 운전을 했고 나는 그의 옆모습을 보아가며 말을 건넸습니다.

"한국에 오신 적이 있으세요?"

"네, 작년 가을에 다녀왔습니다."

"어땠어요?"

이 말을 해 놓고, 이런 질문은 하나마나란 생각을 했습니다. 대답은 뻔할 테니까요. 역시 그의 대답은, "참 좋았습니다." 였습니다.

나는 그에게 더 이상 말을 건네지 않고 차 밖을 내다보았습니다. 산기슭을 타고 비스듬히 굴곡진 오르막길을 차는 몇 번이나 돌며 올랐습니다. 멀리 바다가 보이고, 바로 그 길 옆은 사탕수수 밭이 무성했습니다. 스페인 사람들이 이 섬을 정복하고 사탕수수를 재배하기 위해 아프리카에서 흑인노예를 끌어들였다는 이야기가 생각났습니다. 나는 문득 옆에서 운전하고 있는 앙그라데 씨의 조상이 머리에 떠올라 다른 생각을 하기로 했습니다.

내가 숙박하기로 되어있는 프라자호텔 앞에는 큰 공원이 있었습니다. 호텔이라기보다는 부잣집 개인 별장과도 같은 단층건물의 이 호텔에는 열대 식물과 꽃들로 가득 찬 정원이 있고, 그 한 곁으로는 맑은 물이 찬 풀장이 한가롭게 햇빛을 반사하고 있었습니다. 정원에는 홍예문도 있었습니다. 그곳을 지나면 그 안에 또 정원이 있고, 거기에 또 조그만 홍예문이 있는 그런 건물이었습니다. 호텔의 벽이며 담은 모두 흰색으로 칠해져 있어 마치 외인부대가 있는 사막의 저택 같았습니다.

방문을 열면 바로 정원으로 걸어 나가게 되어있는 곳에 나의 방이 정해졌습니다. 짐을 놓고 나는 우선 식당으로 갔습니다. 새벽에 산토도밍고를 떠나는 바람에 아침을 못 먹었기 때문입니다. 시간은 이미 정오가 다 되어가고 있었습니다.

대나무로 만든 식탁이 자리마다 비어있고, 손님은 나 혼자였습니다. 높은 천장에는 큰 선풍기가 빙글빙글 돌고 있었습니다. 바람이 이는 것은 느껴지지 않았고, 오히려 돌고 있는 모습에서 열대의 더위가 느껴졌습니다. 호텔 숙박비에 두 끼 식사가 포함되어 있다는 웨이터의 설명을 듣고 메뉴를 마음 놓고 들여다보았습니다. 디저트로는 이름이 마음에 드는 '바나나 딜라이트' 란 것을 시켰는데, 가져온 것을 보니 별것도 아닌 것을 그렇게 요사한 이름으로 멋을 냈더군요. 바나나를 겅둥겅둥 썰어서 그 위에 설탕을 흠뻑 뿌려 놓은 것이었습니다. 끔찍스럽도록 달아서 다 먹을 수는 없었습니다.

앙그라데 씨가 온다는 시간까지 나는 한가롭게 호텔 안을 돌아볼 수 있었습니다. 넝쿨져 올라간 열대 식물의 잎사귀도 만져보고, 에어컨을 수리하고 있는 종업원들끼리의 이야기 소리도 들어가며, 그리고 로비나 식당 벽에 걸려있는 아이티 특유의 그림들을 감상하면서요. 어디나 밝은 광선이 충만해 있었습니다.

Q씨. 그림 이야기를 해 드리죠. 정말 재미나는 그림들이었습니다. 단조로운 원색의 사실화들 말이죠. 천진난만한 아이들의 그림 같다고나 할까요? 샤갈의 환상적인 그림을

평면화한 것 같기도 한 그림들이었는데, 그 하나하나가 너무도 강렬한 색채와 기하학적인 선의 구도, 게다가 그 소재들은 그들의 생활을 보여주는 아주 정감 가는 것들이었습니다. 페루에서 경유지를 추가 받을 때 그곳 박문규 영사가 이런 이야기를 해주더군요.

"아이티는 가 볼만한 곳입니다. 특히 이 여사에겐 그림들이 볼 만할 겁니다. 무명화가들이 그린 재미나는 그림들이 많습니다."

처음 만난 박 영사가 내가 그림에 흥미를 가지고 있는지 어떻게 알았는지, 그런 이야기를 해준 것이 내가 아이티 여행을 끝내 포기하지 않고 찾아가는 데 큰 힘이 돼 주었습니다.

왜냐하면 많은 사람들이 "그 못사는 나라에는 왜 가려고 하느냐?" "그 검둥이 나라에는 무엇 때문에 가느냐?"는 등, 아이티에 간다는 나의 뜻을 모두 받아주려 하지 않았습니다.

아이티는 정말 가난한 나라였습니다. 넉넉지 않은 나라 사람인 내가 남의 가난에 대해 이야기한다는 것이 덕성이 아닐지 모르나, 처음으로 우리나라가 잘사는 나라라는 생각을 해 본 것입니다. 시장에 구경을 갔더니 꼬마들이 몰려와서 배가 고프다고 손을 내밀더군요. 마치 그늘에서 자란 꽃순처럼 연연한 손들이 한껏 나의 배꼽 높이에서 따라다녔습니다. 그러나 나는 번갈아 나타나는 그 손바닥 위에 아무것도 쥐어주지 못한 채 시장 밖으로 나왔습니다. 왠지 오다가다 한 푼 주는 식의 자선이 나에겐 익숙하지 않아 고민만 하였을 뿐, 그리고 미리 그러지 말라는 주의를 받기도 하여서였지요.

청년들이 머리에 물건을 이고 가는 모습이 눈에 자주 띄더군요. 이곳 풍습의 하나인 모양입니다. 모자를 눈 아래까지 깊이 쓰고 담 옆에 길게 기대어 자는 사람들의 모습이 거리마다 눈에 띄었습니다. 게을러서인가 했더니 그들에게 일거리가 없어서 그렇다는 군요. 그들이 모두 실업자라는 것을 알고 나니 지구상의 진짜 비극을 이곳에서 보는 느낌이었습니다.

빨간 헝겊을 앞에 달고 다니는 자동차가 택시의 표식이라는 이야기를 듣고, 나도 그런 차를 골라서 손을 들었습니다. 이곳 택시란, 손님이 타고 있어도 손만 들면 모두 태우고 시내를 돌면서 순서대로 내려주는 그런 식인 모양이었습니다. 물론 나도 그런 손님으로 탄 것입니다. 차안의 사람이 차례로 내린 후 나도 거리의 한 어귀에서 내렸습니다.

아이티의 중심가는 말 그대로 판자촌 부락이었습니다. 길가에서 파는 물건들은 상품이라기보다는 피난 보따리 속을 연상케 하는 그런 하잘 것 없는 생활용품이었습니다. 나는 한국 사람으로 태어났다는 긍지를 만끽하면서 이 골목 저 골목을 구경하였습니다.

날이 어두워져서 사진을 찍지 않았습니다만, 가난을 담는 것이 좋지 않을 것 같아 일부러 찍지 않았다는 게 더 정직한 표현일 것입니다.

(1974)

꽃과 유럽의 신사도 紳士道
―바르샤바에서

만나고 싶은 사람이 있는 나라를 여행한다는 것은 가슴 설레는 일입니다. 바르샤바에는 그런 사람이 있었습니다. 국립아카데미 회원이며 바르샤바대학의 연극학 교수로 있는 헨릭 율코프스키 박사인데, 내가 우리나라를 국제꼭두극연맹에 가입시키려는 일을 하고 있을 때 가장 많이 도와주었던 분입니다.

바르샤바에 도착하자마자 제일 먼저 율코프스키 교수 댁으로 전화를 했습니다. 그랬더니, "오늘 아침에 포즈난으로 갔는데 일요일에나 돌아옵니다."라는 부인의 대답이었습니다. 얼마나 실망을 했는지요. 일요일이면 엿새나 기다려야 하는데다 나는 바로 그 일요일에 바르샤바를 떠나기로 했기 때문입니다.

서울을 떠나기 전에 그에게 미리 연락을 했어야 했는데 그러지 못한 것을 얼마나 후회했는지 모릅니다. "연락까지 하고 갈게 뭐람?" 특별히 그와의 일이 있어서가 아니었기 때문에 그렇게 생각했던 거죠. 한국적인 겸손이 실은 국제

사회에서는 실례인 줄을 알면서도 말입니다. 기대했던 사람이 없는 곳이란 도시 전체가 텅 빈 것 같았습니다. 그 순간, 여행의 의미마저 상실된 것 같더군요.

그런데 그가 토요일 오전에 돌아와 주었습니다. 프랑스어만 하는 부인과 힘들게 통화를 했는데 알아듣고 포즈난에 가 있는 남편에게 연락을 했던 모양이었습니다.

바르샤바에 가게 된 것은 유네스코의 후원으로 열린 세계번역가협회 회의에 참석하기 위해서였는데 우리와 국교가 없는 폴란드에 가는 일이어서 한국을 떠나기 전부터 우리 일행 세 사람에게는 지켜야 할 주문 사항이 많았습니다. 폴란드 입국 비자를 받기 위해서 룩셈부르크를 들러야 하는 번거로움도 있었습니다.

그러나 그런 것들은 아무것도 아니었습니다. 여자가 나 혼자라는 이유 때문에 함께 간 두 남자 대표가 나의 보안에 어찌나 신경을 쓰는지 호텔 안에서 다니는 일에까지도 거의 자유를 잃고 말았습니다. 그야 강제가 아니니까 내가 꼭 하고 싶으면 밖에도 나갈 수 있었겠지만 북한대사관만 있다는 사회주의 국가에서 굳이 그럴 필요는 없었지요. 실제로 나 스스로가 겁나는 일이기도 했습니다.

그래서 회의가 없을 때는 아예 호텔 방에서 덩그러니 천정만 쳐다보며 누워 있었습니다. 마치 성(城) 안에 갇힌 공주가 된 기분으로 말입니다. 그러니까 주최 측이 마련한 쇼팽의 생가 관광을 다녀온 것을 빼놓고는 매일 그렇게 갇혀 있었던 셈이지요.

 그런데 그가 와 주고, 시내를 안내해 주고, 자기 집에 데리고 가서 부인을 인사시켜 주고, 그의 집에서 저녁을 같이 했던 것입니다. 얼마나 큰 행운이었겠습니까!

 율코프스키 교수가 호텔로 오는 토요일에 나는 약속한 시간보다 한 시간이나 일찍 로비로 나와 앉아 있었습니다. 호텔 밖에는 심심치 않을 정도로 사람들이 지나 다니는 것이 보였습니다. 길 건너에는 광장이 있고 그 둘레에 있는 건물마다에는 붉은 깃발들이 꽂혀 있는 것으로 보아 관공소건물인 듯했습니다. 그런 광경이 눈에 들어오는 유리문 밖을 내다보고 있는데 한 남자가 꽃을 들고 지나가고 있었습니다. 그런데 그 남자는 얼마를 걷다가 다시 뒤돌아서서 이쪽으로 걸어오는 것입니다.

 나는 그 사람이 율코프스키 교수와 아주 비슷하다는 생각이 들었습니다. 그러나 그렇다는 확신을 가지지 못하면서 그를 보고만 있었습니다. 왜냐하면 그가 율코프스키 교수라면 나를 만나러 호텔 안으로 들어와야 할 텐데 전혀 그럴 기미를 보이지 않고 호텔문 밖에서 걸어갔다간 다시 뒤돌아서 걸어오고 그러다간 또 걸어가곤 하고만 있는 것이 아니겠어요? 손에 꽃묶음을 든 그 사람은 그렇게 여러 번을 되풀이하고 있는 것이었습니다.

 그러자 그가 틀림없이 내가 기다리고 있는 율코프스키 교수라는 생각이 드는 순간 나는 호텔 유리문을 힘차게 밀고 밖으로 뛰어나갔습니다. 그때 막 꽃을 든 신사는 호텔 쪽으로 오고 있었기 때문에 나는 그와 마주쳤습니다.

"프로페서 율코프스키!"

"미세스 리!"

그와 나는 동시에 그렇게 소리 내어 불렀습니다. 영화 속의 장면 같지 않습니까?

어떻든 서로 반갑게 인사를 나누었지요. 그런데 말입니다. 글쎄, 그가 호텔 밖에서 왔다 갔다 했던 이유는 약속 시간을 맞추기 위해서 그랬다는 것입니다. 약속 시간보다 미리 나타나는 것도 구라파에선 신사의 평점에 흠이 되는 모양이지요? 그러니 그 시간을 못 참고 뛰어나간 나는 숙녀는커녕 신사가 하는 일까지 망쳐 놓은 셈이 된 거지 뭡니까.

그는 손에 들고 있던 꽃을 나에게 주었습니다. 그것은 분홍빛 장미꽃들이었습니다.

"구라파 남자들은 참 멋이 있구나!"

여자들을 이렇게 기쁘게 해줄 줄 아는 남자들. 그들에게 있어서 그런 것은 몸에 밴 일상의 일이겠지만 한국의 여인에게는 마냥 부럽기만 한 것이었습니다.

그는 나에게 바르샤바 시내를 안내하겠다며 밖으로 나가자고 했습니다. 내가, 당신 나라와 국교가 없는 나라 사람이라 보안에 걱정이 된다고 하였더니, "미세스 리, 걱정하지 마세요. 내가 있지 않습니까?" 그는 그렇게 말하더군요. 그리고는 "여기는 폴란드입니다."라는 말을 힘주어 덧붙였습니다. 자기 나라, 폴란드의 안전성에 대해 그토록 긍지를 갖고 있는 그의 모습이 얼마나 미덥고 존경이 갔는지요. 한편, 그가 마치 성 안에 갇힌 공주를 구하기 위하여 붉은 망토를 휘날리며, 흰 말을 타고 온 기사(騎士) 같다고 생각했습니다.

율코프스키 교수의 안내를 받으며, 나는 코페르니쿠스의 동상 앞에서 사진도 찍고, 옛 왕궁도 가보고 그리고 오래된 성 십자가 성당 안도 들어가 보았습니다. 그는 바르샤바의 올드 타운에 나를 안내했습니다. 돌조각으로 포장된 좁은 골목 안 곳곳에서 젊은이들은 기타를 치며 노래를 부르고, 그리고 춤을 추면서 마냥 젊음의 열기를 뿜어내고 있었습니다. 그날이 토요일이라 젊은이들이 많이 나와 있다고 합니다.

"우리가 젊었을 때는 저렇게 놀 수가 없었습니다. 제2차 세계대전 당시 독일에 점령당한 조국을 구하려고 바르샤바에서는 시민들이 봉기하였지요. 그때 우리 학생들은 시민군에게 탄약과 총알을 공급하느라고 필사적이었습니다. 지하 통로를 파서 밤이면 땅 속을 기어 다니며 무기를 날랐답니다. 결국 봉기는 실패로 돌아가고 많은 시민들만이 희생당했지요. 나의 친구들도 여럿이 죽었습니다. 우리가 지금 걸어온 길도 내가 탄약통을 끼고 기어 다녔던 자하굴이 있었던 곳이지요."

그는 잠시 멈췄다가 말을 이었습니다.

"한국하고 폴란드는 남의 나라에 점령당하고 조국을 잃

었었던 같은 경험의 역사를 가진 나라입니다. 그래서 나는 한국에 대해서 친근감을 갖고 있습니다."

그의 말에 나는 잠시 숙연해졌습니다. 그의 친구들이 죽었다는 땅 위를 걸으면서 그런 말을 들어서이기도 했겠죠.

올드타운 골목길을 걷고 있는데 갑자기 빗방울이 떨어지기 시작하였습니다. 소나기인 것 같았습니다. 그는 조그만 찻집으로 나를 안내했습니다. 비를 피하여 그곳에는 우리보다 먼저 들어온 사람들로 앉을 자리가 없었습니다. 우리는 다른 찻집을 찾았습니다. 그곳엔 다행히 깊숙한 안쪽에 의자 두 개가 비어 있었습니다. 의자래야 엉덩이만 걸칠 수 있는 의자이고, 테이블은 마주 앉은 사람과 코가 닿을 것 같은 그런 분위기의 찻집이었습니다.

찻집의 음악은 요란한 서구의 팝송이었습니다. 사회주의 국가에서는 이런 서구의 팝송을 퇴폐적이라고 해서 금지시키는 것인 줄 알았는데 그렇지 않은 것에 의아했습니다. 이 나라에서는 문화나 예술에 있어서는 이념이 다른 나라의 것이라고 해서 금지시키고 있지는 않는 모양이었습니다.

내가 그런 생각을 하고 있는 것을 알고 있기나 한 듯 율코프스키 교수는 폴란드 사회에 대해서 이야기를 시작했습니다.

"지금 폴란드 국민은 자유를 찾기 위해서 온 국민이 '솔리다리티' 운동을 전개하고 있지요. 어떻게든지 사회주의 탄압에서 벗어나기 위한 자유노조와 연대투쟁을 하고 있는 중입니다." 그는 윗도리에 꽂은 노란 배지를 보여 주며 거기에 쓰인 글씨가 폴란드어로 '솔리다리티'라고 하였습니다. 그는 대학의 솔리다리티운동을 이끌고 있는 지도 교수 중의 하나라고 말하면서 이번에 포즈난에 다녀온 것도 그 일 때문이었다고 말해 주더군요.

 찻집에서 이런 일이 있었습니다. 우리가 이야기를 하고 있는데 꽃바구니를 든 사내아이가 내 앞에 와서 작은 꽃묶음 하나를 내미는 것이었습니다. 나는 사내아이에게 사지 않겠다고 머리를 옆으로 저었지요. 그랬더니 사내아이는 율코프스키 교수에게 무언가를 말하더군요. 그것은 꽃을 사라는 말 같지는 않았습니다. 그러자 율코프스키 교수의 표정이 별로 좋지 않아지는 것을 느꼈습니다. 사내아이가 또다시 나에게 꽃을 내미는 것이었습니다. 그제야 율코프스키 교수가 나에게 말했습니다.

 "그 꽃을 받으세요. 저기 앉아 있는 청년이 이 꽃을 당신에게 보내는 거랍니다."

 나는 일러주는 대로 꽃을 받고는 그 청년을 향해 고맙다는 인사를 표정으로 보냈습니다. 그리고는 폴란드에서는 보통 이렇게 하는 거냐고 율코프스키 교수에서 물었습니다.

 "남자와 함께 앉아 있을 때는 이러는 것이 아닌데 아마 당신이 여행자라는 것을 알고 환영의 뜻으로 보낸 모양입니다." 라고 말하더니, "그렇더라도 원래는 당신과 함께 있는 나에게 먼저 양해를 얻고 꽃을 보내야 하는 겁니다. 아무 말 없이 이러는 일은 온당한 일이 아니지요. 젊은이라서 그냥 두는 겁니다. 이 자리에서 내가 항의를 하게 되면 시끄러워지기도 할 테고—." 그렇게 말하고는 "그렇지만 내가 기분이 좋을 순 없죠." 하고는 조용히 웃더군요.

나는 그의 마지막 말이 그가 공연히 앞에 앉은 나를 즐겁게 해 주기 위한 구라파 신사의 제스처라고 생각하고 그런 표현도 나쁘지 않다고 생각했습니다. 왜 그런 것 있지 않습니까? '나하고 같이 앉아 있는 여자에게 왜 네 놈이 끼어든단 말이냐?' 이런 뜻으로 말입니다.

그날 저녁 율코프스키 교수는 자기 집으로 나를 데리고 갔습니다. 저녁 식탁에서 그는 찻집에서 있었던 이야기를 화제로 올리더군요. "한 청년 때문에 내가 얼마나 불쾌했던지…" 하고 이야기를 시작할 때 나는 그가 식탁의 분위기를 즐겁게 해 주느라고 그 말을 하는 줄 알았습니다.

그러나 율코프스키 교수가 그 젊은이에 대해서 기분 나빠했던 것은 나를 기쁘게 해 주기 위한 제스처의 표현이 아니라 신사도를 지킬 줄 모르는 자기 나라 젊은이의 버릇없음에 대한 불쾌의 감정이었던 것임을 알았습니다. 내가 잠시나마 누렸던 바르샤바 올드타운에서의 행복의 감정은 완전히 혼자만의 일장춘몽이었던 것입니다.

저녁 식탁 자리에는 율코프스키 교수의 제자 부부와 아들 부부 그리고 부인이 함께 있었습니다.

(1981)

눈물로 들은 그의 조국 찬가
―올보그에서

지도를 그렇게 들여다보았으면서도 나는 덴마크의 수도 코펜하겐이 육지가 아니라 섬에 있다는 것을 몰랐었다. 구라파대륙 맨 북쪽에 뼈죽 올라간 땅이 덴마크이고, 거기에 으레 코펜하겐이 있는 것으로 나는 생각하고 있었던 것이다.

그런데 사물놀이 패거리를 데리고 덴마크 순회공연을 갔었을 때 그 나라가 대륙에 붙은 유트란드 반도와 몇 개의 섬으로 되어 있다는 것을 알았다. 그리고 코펜하겐은 셀란이란 섬에 있다는 것도―. 모르고 있으면서도 알고 있는 줄 아는 부정확한 지식을 내가 또 얼마나 많이 갖고 있는 걸까?

드레스덴에서 있었던 세계꼭두극페스티벌을 마치고 우리 일행은 코펜하겐으로 갔다. 덴마크의 올보그와 오루후스, 그리고 코펜하겐, 이렇게 3개 도시에서 공연을 하게 되어 있었기 때문이었다. 이 공연들을 마련해 놓은 그곳 천호선(千浩仙) 공보관을 따라 우리는 첫 번째 공연지인 올보그에 갔다. "이곳에 가려면 배를 타고 가야 합니다."라는 천 공보관의 이야기를 듣고야, 그때 나는 지도를 보고 코펜하겐이 섬에 있다는 것을 알았다.

올보그에서의 하루를 우리 일행은 호텔에서 유숙하지 않고 한 한국인의 집에서 묵었다. 그것은 정말로 의외의 일이었다. 드레스덴에서의 꼭두극페스티벌과 총회에 참석키 위해 우리 일행은 대식구였는데 우리를 꼭 자기 집에서 묵게 하고 싶다고 했다는 것이 천 공보관의 설명이었다.

국립극장의 사물놀이 패거리 네 명, 대금 작곡가이며 연주가인 김영동(金永東) 씨, 그리고 조동화(趙東華), 송정숙(宋貞淑), 두 분의 한국 유니마 이사님, 꼭두조정자 오승온(吳承溫), 이렇게 나까지 포함해서 아홉 명이나 되었다.

덴마크에 유학을 왔다가 이 나라 여성과 결혼하고는 그냥 눌러 살게 되었다는 장우경(張宇炅) 씨라는 분인데 그는 30대 중반의 나이로 생각보다 조용한 사람이었다. 차로 우리를 마중 나온 그는 그곳서 오래 살았으면서도 서구적인 별 생색의 제스처도 없이 우리를 묵묵히 자기 집으로 안내했다.

그가 우리를 데리고 간 곳은 넓은 정원이 깨끗하게 손질되어 있는 집이었다.

"실은, 이 집은 우리 집이 아닙니다. 올보그의 유지인 덴마크 사람의 집인데 여름휴가를 간 동안에 내가 봐주고 있는 중입니다. 이 나라 사람들은 집을 비운 동안에 사람이 와서 묵어 주는 것을 좋아한답니다."

장우경 씨는 이렇게 말하면서 우리에게 편한 마음으로 지내주기를 부탁했다. 그리고는 그때 막 밖에서 돌아오는 그의 덴마크 부인과 두 아들을 우리에게 소개했다. 북유럽 사람 특유의 아주 좋은 체격과 잘생긴 얼굴의 부인, 그리고 10살 미만의 영양 좋은 두 아이들의 얼굴들이 동양 얼굴이 아니어서인지 조금 전까지 시끌거렸던 우리는 갑자기 점잖은 손님으로 돌아갔다.

그는 집 앞, 얼마 안 되는 곳에 있는 삼림(森林)을 보여 준다고 우리를 데리고 나갔다. "덴마크에는 아름다운 삼림이 많습니다. 몇 백 년 된 나무들이 볼 만하답니다. 호수도 많고 바다가 가까이에 있어서 낚시하기도 좋지요."

그를 따라 집 밖으로 나가서 얼마 안 걸으니까 과연 어른들이 팔을 벌려도 안을 수 없을 만큼의 큰 나무들이 하늘을 찌르듯이 높게 서 있는 그런 우거진 삼림이 있었다. 우리 모두의 입에서는 탄사의 소리들이 저절로 나왔다. 그 높은 나무 꼭대기에서 햇빛이 땅에 닿는 데에도 시간이 한참 걸릴 것 같은 그런 거대한 나무숲 사이를 걸으면서 '세상에는 이런 데도 있구나!' 하고 생각했다. 그는 시간이 있을 때마다 이곳을 혼자 산책한다고 했다. 혼자서 산책하면서 무섭지는 않은지? 또 무슨 생각을 하면서 산책할까? 나는 그런 것이 궁금했지만 그에게 묻지는 않았다.

그날 저녁 우리는 장우경 씨와 그의 덴마크 부인이 준비한 갈비 바비큐를 푸른 잔디의 정원에서 내 집에 온 것 같은 기분으로 즐겼다. 삼림 속을 걸으면서 좋은 공기를 실컷 마시고, 맛있는 저녁식사를 마친 사물놀이 패거리와 젊은 일행들은 피곤하다고 일찍 잠자리를 찾아 방으로 들어갔다. 그러나 우리 노장파인 조동화 선생과 송정숙 선생, 천호선 공보관은 오래간만에 고국에서 온 손님을 맞아 기뻐하는 장우경 씨와 포도주로 다시 건배를 하면서 이야기 자리를 벌였다.

"고려대 생물학과를 졸업하고는 낙농학을 공부하러 이곳엘 왔죠. 나 말고 또 한 사람이 같이 공부하러 왔었는데 그는 공부를 마치고 한국으로 돌아갔지만 나는 학교 때 같은 반에 다녔던 덴마크 여학생과 결혼하여 그냥 이곳에 남게 되었답니다. 지금은 소고기 통조림 공장에서 일하고 있습니다. 과장으로 일하고 있지요. 조미(調味)를 맡고 있습니다."

주로 조동화 선생이 그에게 쉴 새 없이 묻는 질문에 대한 그의 대답이었다.

"한국 사람인 당신의 입맛으로 이 나라 사람들의 입맛을 맞출 수 있을까요?"

"뭐, 비슷합니다. 별로 다를 게 없지요."

"부인이 한국 사람을 좋아합니까?"

"물론이죠. 어디 이곳 여자들이 대학 졸업한 남자를 쉽게 만날 수 있나요? 올보그엔 대학이 하나밖에 없답니다. 그런 점에서 나는 조건을 갖춘 셈이지요."

"부인도 일을 하나요?"

"네, 중학교 역사 선생으로 있지요. 그러나 둘이 벌어도 세금을 어찌나 많이 내야 하는지 좋아하는 그림 한 장 못 사고 있어요. 이 나라엔 좋은 그림도 많은데—."

"한국엔 언제 다녀왔나요? 부인이랑 아이들도 데리고 갔었어요?"

"재작년에 가서 부모님께 다 인사드렸습니다. 덴마크에 온 후에 처음으로 간 것이지요."

"외국 여자하고 결혼한 것을 후회한 일은 없었어요? 말하자면 한국 여성하고 결혼했으면 하는 생각은 안 해 봤는지!"

마침내 조동화 선생은 제일 궁금했던 것을 그에게 묻는 것이었다.

"왜요—? 해 봤죠. 그러나 아이들이 크면서 안 하기로 했어요." 하더니, "저 사람도 한국말을 다 알아듣습니다." 라고 그는 우리에게 조심의 뜻으로 그렇게 얘기했다. 안주 그릇을 들고 테이블 앞으로 다가오던 부인은 남편의 말을 벌써 알아듣고는 조용히 웃고 있었다.

"한국 생각이 안 나세요? 한국에 돌아와서 사시면 좋을 텐데—" 하였더니, "집사람과 아이들을 위해서 내가 참는 것이 좋죠. 한국 생각이 나면 나는 노래를 부르지요. 김동진 작곡의 〈조국 찬가〉를 부른답니다. 아세요? 이런 노래를—" 하더니 그는 노래를 부르기 시작하는 것이었다.

  동방에 아름다운 대한민국 나의 조국/ 반만년 역사 위에 찬란하다 우리 문화/ 오곡백과 풍성한 금수강산 옥토낙원/ 완전 통일 이루어 영원한 자유 평화/ 태극기 휘날리며 벅차게 노래 불러/ 자유 대한 나의 조국, 길이 빛내리라.

목청을 돋우며 〈조국 찬가〉를 부르는 그의 눈에는 눈물이 흐르고 있었다. 물론 그의 노래를 듣는 우리도 속으로 모두 울고 있었다. 그의 외로움이 너무도 우리에게 잘 전달되고 있어서였다. 그는 계속해서 2절을 불렀다.

  꽃피는 마을마다 고기 잡는 해변마다/ 공장에서 광산에서 생산 경쟁 높은 기세/ 푸르른 저 거리엔 재건부흥 노래 소리/ 늠름하게 나가는 새 세기의 젊은 세대/ 태극기 휘날리며 벅차게 노래 불러/ 자유 대한 나의 조국 길이 빛내리라.

얼마나 많이 불렀으면 가사 한 줄 잊지 않고 우리 앞에서 그토록 소리 높여 부를 수 있는지! 그의 노래는 노래라기보다 조국에 대한 그리움의 절규였다.
 그의 부인은 어느새 방으로 들어갔는지 보이지 않았다.
 "아이들은 내일 일찍 학교에 보내야 하니까 그 사람은 먼저 들어간 것입니다."

그는 부인이 안 보이는 설명을 우리에게 그렇게 말했다. 우리도 내일 있을 공연을 위해 자리에서 일어났다. 이미 시간은 오늘이 아니고 내일로 넘어가 있었다.

아침에 일어나니 부엌 문 앞에 하얀 쪽지가 붙어 있었다. 그가 써 놓고 간 쪽지였다.

"회사 출근 시간 때문에 먼저 나갑니다. 냉장고 안에 아침 식사거리가 들어 있으니 꺼내 잡수세요. 어젯밤엔 즐거웠습니다. 좋은 여행하고 돌아가시기 바랍니다. 여기 부엌 문 열쇠를 두고 가니 잠그시고 바닥 매트 아래 넣어 주십시오."

우리는 쓸쓸한 마음으로 빈 집을 나왔다.

"너무도 감사했습니다. 서울에서 꼭 다시 만나 뵙게 되길 바랍니다."

나는 나의 집 주소와 전화번호도 함께 적어 넣고 그의 쪽지가 붙었었던 자리에 붙여 놓았다.

그가 우리를 자기 집에서 함께 지내자고 했던 이유를 나는 알고도 남았다.

분명 그는 애국자였다.

(1984)

쿠바의 항구엔 노래가 있다네
— 아바나에서(1)

아바나에서의 마지막 날 밤. 저녁식사를 하기 위해서 나는 또 한 번 프로리디타를 찾아갔다. 헤밍웨이가 즐겨 다녔다는 카페 레스토랑이다. 택시기사 안토니오 씨에게 안내받아 함께 갔을 때 그가, "이 집은 음식 값이 비싸요." 라고 두 번을 강조해서 말했지만, 어제저녁에 갔던 식당 '로스 나르다스'에서, 전깃불이 켜있지 않아서 캄캄했던 계단과, 청년 몇이 서성이고 있었던 당구장 안을 통해서 들어가면서 긴장했던 생각을 하니까, "그래, 비싸면 얼마나 비쌀까. 비싼 집 프로리디타에서 우아하게 혼자서 저녁을 먹어보자." 해서 간 것이다.

"혼자세요?" 웨이터가 그것부터 물었다. "그래요." 웨이터는 가운데에 있는 기둥 옆 테이블로 나를 안내했다. "자리가 마음에 드시는지요?" 젊은 웨이터는 의자를 밀어주며 나를 앉혔다. 넓지는 않지만 식당 안은 고전적 분위기를 느끼게 하였다. 창문에는 붉은색 비로도 커튼이 육중하게 드리워져 있고, 벽에 걸려있는 대형그림과 높은 천정에는 고

풍스러운 샹델리어가 내려져 있다.

  메뉴를 테이블 위에 놓고 갔던 웨이터가 잠시 후 다시 와서 묻는다. "세뇨라. 무엇을 마시겠습니까?" 나는 다이퀴리를 달라고 했다. 호텔 청년이 프로리디타에 가면 다이퀴리를 마시라는 이야기를 듣고 갔기 때문에 고심하지 않고 주문할 수 있었다.

  주문한 음식을 기다리는 동안에 웨이터에게 이 집의 비지너스 카드가 있는지를 물었다. 그랬더니 의외로 큼직하고 인쇄가 잘 된 팸플릿을 가져다주는 것이 아닌가. 특급호텔 안에 있는 관광안내소에서도 아바나의 시내지도 하나조차 구비해 놓고 있지 않았는데, 레스토랑 프로리디타의 안내 팸플릿은 서방의 것보다 화려하게 만들어져 있었다. '다이퀴리의 요람, 레스토랑 바 프로리디타'라고 쓰인 겉장에 헤밍웨이가 이곳에 와서 스펜서 트레이시, 캐리 쿠퍼 등 유명배우와 함께 찍은 큰 사진이 장식되어 있다. 그리고 헤밍웨이의 소설 중에 다이퀴리를 마시는 구절도 나와 있다.

  "세계 어느 곳에서도, 똑 같기는커녕, 이보다 더 좋은 술은 없다. 허드슨은 유리잔 가에 잔뜩 성이가 낀 얼음가루가 섞인 다이퀴리를 한 잔 더 마시면서, 얼음부스러기가 남아 있는 바닥의 투명한 유리를 들여다보면서 바다 생각을 했다."

  〈멕시코 만의 섬들〉이란 작품에 나오는 구절인 모양이다. '다이퀴리의 요람'임을 내세우고 있는 이 식당은 헤밍웨이 소설에 나오는 이 한 구절 덕에 아바나에 온 관광객들이 빠짐없이 들르고 있다. 미국이 질색하며 막고 있는 관광수입의 증가를 미국인인 헤밍웨이 덕분에 끊임없이 수입을 올리고 있으니 재미있는 일이다.

비프스테이크와 샐러드, 그리고 차를 마신 영수증에 27불 50센트란 숫자가 씌어 있었다. 물론 다이퀴리 값도 포함되어 있다. 우리 돈으로 약3만원. 그리 비싼 값은 아니지만 쿠바사람에게는 그들의 평균 월급이 8불에서 10불이라고 하니까 3개월분에 해당되는 돈이었다.

아바나의 밤은 음악소리 때문에 외롭지 않다. 정열적이면서도 감미로운 리듬의 쿠바음악―. 쿠바에 오기 전에 다시 본 부에나비스타 소셜클럽 영화 생각이 났다. 쿠바 혁명 이후 일거리가 없어서 해체된 지 40년 만에 아바나의 재즈음악클럽에서 활약했던 유명 멤버들을 찾아내어 그들의 음악을 되살린 이 뮤직 다큐멘터리영화는 쿠바를 아는데 무척 도움이 되었다. 지금은 나이가 들어 주름으로 가득한 얼굴이 된 부에나비스타 소셜클럽의 구성멤버들이 한사람, 한사람씩 스크린에 나와 자기의 어린 시절을 회상하는 장면과 더불어 젊은 날의 연주솜씨를 멋들어지게 펼치고 있는 장면들이 가슴에 뭉클하게 와 닿는 영화이다.

쿠바의 넷 킹 콜이라고 불리는 노장의 가수, **빼빼** 마르고 키가 큰 이브라힘 페레르가 무대 위에서 노래를 부른다.

꽃들이 잠들었네, 글라디올러스와 장미/ 그리고 흰 백합, 깊은 내 영혼/ 슬픔에 잠긴 내 영혼을 꽃들에게 알리지 마라/ 내 슬픔을 알게 되면 꽃들도 울 테니까./ 깨우지 마라 모두 잠들었네, 글라디올러스와 장미/ 그리고 흰 백합, 내 슬픔을 꽃들에게 알리고 싶지 않아/ 내 눈물을 보면 시들어버릴 테니까.

구슬픈 멜로디의 이 노래를 여성 보컬리스트 오마라와 듀엣으로 부르고는 서로가 가볍게 껴안는다. 80이 넘은 루벤이 피아노 앞에 앉아 건반을 두드린다. 카메라에 클로즈업 된 노인의 손등에 늘어진 핏줄들이 보인다. 그 손가락으로 옛 솜씨를 발휘하며 피아노를 치는 루벤의 주변에서 아이들이 발레 연습을 하는 모습들이 화면에 나온다. 춤추는 어린 발레리나들과 피아노 치는 엄숙한 모습의 할아버지가 어찌나 아름답게 조화되어 화면을 구성하고 있는지 감동마저 느껴진다.

기타리스트인 콤파이 세군도는 굵은 시가를 입에 물고 차를 타고 가면서 지나가는 사람에게 길을 묻는다. 40년 전의 부에나비스타 소셜클럽이 있던 자리를 아는 사람은 없다. 그는 나이 많은 사람에게 묻는다. 간신히 건물이 있던 자리만을 찾은 아흔이 넘은 노인 콤파이는 여전히 자신의 전성기시절의 위엄을 풍기며 아바나 거리를 달린다. 그가 옛 동료와 함께 기타를 치며 노래를 부른다.

쿠바의 항구엔 특별한 노래가 있다네, 자랑스런 내 조국을 노래해 주지요./ 카리브 해의 진주라고 불리는 곳, 그곳의 여인들은 별처럼 아름답다네./ 모두가 여인들의 우아함을 칭송하네, 그곳은 내 마음 깊이 자리 잡았다네./ 난 자랑스럽게 내 마음을 노래하지요./ 자네도 꼭 가봐야지, 그곳엔 특별한 노래가 있다네.

소셜클럽 멤버들이 연주하는 화면 사이사이에서 옛 아바나의 골목들이 비춰진다. 검게 그을린 낡은 건물들 창가에는 빨래들이 널려있고, 골목길 어두운 집집마다 가족들은 문 앞에 나와 할일 없이 서있다. 그러나 사람들의 표정은 밝고 명랑하다.

머리에 예쁜 리본을 맨 계집아이의 손을 잡고 걸어가는 여인의 탄력 있는 몸매가 여간 매력적이지 않다. 가난 속에서도 그토록 순하고 착한 마음의 쿠바인들을 보면 왠지 신비롭다는 생각이 든다.

정열적이면서 감미로운, 그리고 슬프도록 아름다운 쿠바 음악 속에는 어떤 주술이 숨어있는 것일까.

"쿠바의 항구엔 특별한 노래가 있다네, … 그곳의 여인들은 별처럼 아름답다네.… "

정말로 아름답다.

(2005)

플라멩코 미사참례는 은총이었다
— 아바나에서(2)

　여행 중의 아침식당은 늘 즐겁다. 아침의 신선한 생기를 몰고 들어오는 나그네들의 얼굴을 보는 것이 즐겁고, 갓 구워 나온 빵들이 쌓여있는 것이 눈에 들어와서 즐겁고, "커피 드릴까요?" 하고 주전자를 들이대며 테이블 사이를 돌아다니는 종업원들을 만나는 것이 모두 즐겁다. 그러다가 모르는 얼굴의 신사가 같은 테이블에 앉으면서 "굿 모닝! 함께 앉아도 될까요? 하면 더욱 즐겁고 즐겁다.
　오트밀 그릇을 한 손에 든 채 계란요리 카운터에 갔다.
　"오믈렛을 부탁합니다. 골고루 조금씩 다 넣어주세요."
　속에 어떤 것들을 넣겠느냐고 막 물으려는 조리사에게 나는 미리 얼핏 말했다.
　"씨(Si)!"
　작달만한 키에 흰 모자를 높이 쓴 조리사는 기분을 내어 대답하고는 자리에 가있으면 갖다 주겠다고 한다.
　"슈퍼 글랑 오믈렛, 세뇨라!"
　얼마 후 조리사가 익살스런 몸짓을 하며 내 앞에 갖다 놓은 오믈렛은 그야말로 슈퍼 글랑이었다. 오믈렛 속에 넣는 재료를 골고루 다 넣으라고 하였더니 초대형 오믈렛을 만든 것이다.

"그라치아스!"

그에게 나도 스페인어로 인사를 했다. 여행을 하면서 나는 말도 못하면서 그 나라말로 인사하기를 좋아한다. 멋있다고 생각되는 것. 허영임을 알면서도 즐거우니 어쩌랴.

커피 리필을 시켜놓고는 핸드백에서 여행수첩을 꺼냈다. '쿠바에서 할 일'이라고 적힌 항목을 들여다보며 오늘 할 일을 생각한다. 시내관광 때 들른 곳이지만 까떼드랄에 다시 한 번 가볼까? 하다가 문득 오늘이 일요일이란 생각이 들었다. '미사에 참례할 수 있겠구나—.' 나는 서둘러 테이블에서 일어나 호텔 밖으로 나갔다. 도어맨에게 까떼드랄 가는 방향을 물었더니 택시로 가란다. 호텔에서 멀지 않다는 것을 알고 있기에 방향만을 물은 것인데 택시로 가라니…. 나는 그에게 다시 방향을 묻고는 가리켜 주는 대로 길 건너 골목길로 들어섰다. 긴 골목길에 여인이 걷고 있었다.

"까테드랄로 가는 중인데 이 길이 맞나요?"

여인은 목소리를 내지 않고 손짓으로만 길을 가리킨다. 그런데 그녀는 길을 가리켜 주고도 나의 옆을 떠나지 않고 걷는다. 성당 앞까지 가서야 그녀도 성당에 오고 있었던 것임을 알았다. 여인은 영어를 몰랐던 것. 그렇긴 해도 내가 자기 나라 말 스페인어를 못 알아들을 것을 말 한마디 해보지 않고 어떻게 알았지?

성당 안은 앉을 자리가 없이 미사에 온 사람들로 꽉 차 있었다. '미사가 곧 시작될 모양이구나.' 시간도 모르고 덮어놓고 찾아온 성당인데 미사에 참가할 수 있다니 얼마나 행운인가. '하나님 감사합니다!' 감사하다는 말을 입안으로 나는 되풀이 하며 앉을 자리를 찾았다. 빈자리가 눈에 들어오지 않았다.

제단 맨 앞에 몇 줄인가가 비어있었는데 줄로 통제를 해놓고 '디플로마따' 라고 쓰인 종이가 붙어있었다. 외교관들을 위한 자리인 것 같았다. '쿠바에선 외교관 자리를 미사 때마다 만들어주고 있는지?' 의아하게 느끼면서 다시 뒤쪽으로 자리를 찾아 발을 옮겼다. 그때 나의 옷자락을 잡아당기는 사람이 있었다. 나이든 한 신사가 나에게 눈으로 앉으라는 표시를 한다. 나는 신사가 안으로 옮겨 앉으면서 만들어준 자리에 앉고는 잠시 호흡을 가다듬었다.

"미사가 언제 시작되지요?"

고맙다는 인사를 하고는 그에게 이어서 물었더니 신사는 그가 들고 있던 안내장을 나에게 주며 안내장 아래에 적혀있는 시간에 손가락을 댄다. 그도 동양여인인 나와의 언어소통이 불가능하다는 것을 알고 있는 듯. 10:30 a.m.이라고 적혀있는 것이 보였다. 손목시계를 보았더니 10시 25분. 미사시간에 어쩌면 이렇게 맞춰서 성당에 온 것일까. 누군가가 인도해 주고 있는 것 같은 생각이 들었다. 그에게 안내장을 돌려주었더니 괜찮다고 한다. 부인하고 같이 보면 된다는 것. 신사의 옆에 부인이 앉아있었다.

10시 반이 지났는데 미사는 시작되지 않았다. 성당 안은 점점 사람들로 꽉 차고 웅성거리기 시작하였다. 그때서야 성당에 온 사람들이 모두 신자 같지가 않은 생각이 들었다. 나에게 자리를 만들어 준 신사도 관광객 같다는 생각이 들어서 물었다.

"어느 나라에서 오셨어요?" 신사는 대답한다.

"네덜란드에서 왔습니다."

그렇구나. 오늘 뭔가 특별한 미사가 있어서 이렇게 많은 사람들이 모인 거구나. 제단 앞줄에 외교관들까지 초대한 것이 이상하다고 생각했더니 역시 특별한 미사인 것이다. 그제야 신사에게서 받은 미사 안내장이 공연 프로그램같이, 춤추고 노래하는 사람의 사진들이 실려 있는 이유를 알았다. 십자가에 못 박힌 예수크리스트 사진 밑에 '미사 플라멩코'라고 쓰여 있는 이유도 알았다.

입당성가와 함께 신부님이 들어오시고 그 뒤에 검은 옷의 젊은 남녀들이 줄을 지어 들어오고 있었다. 플라멩코 음악의 입당성가가 점점 크게 성당 안을 울렸다. 사회주의 국가인 쿠바에서 이토록 성대한 미사가 진행되고 있다니—. 더욱이 그 미사에 내가 와 앉아있다니—. 가슴이 뜨거워지고 감격스러웠다.

입당성가가 끝나고 아름다운 화음의 코러스가 이어졌다.

'끼리에 글로리아', 영광송이다. 제단 위에서 검은 티셔츠와 검은 타이스를 입은 남자 무용수가 춤을 추기 시작한다. 옛 서반아의 춤, 판당고. 일본의 부토 무용수처럼 머리를 박박 깎은 검은 옷의 무용수가 아주 천천히, 천천히, 두 손과 몸을 놀린다. 강렬하고 정열적인 3박자의 민속춤 판당고가 그토록 느린 움직임으로 사람의 눈을 사로잡는 것이 신비롭다. 참으로 신성한 춤이다.

'사도신경'의 기도가 끝나자 검은 드레스에 검은 베일을 쓴 여인들이 꽃다발을 하나씩 가슴에 안고 중앙통로를 따라 앞으로 걸어 나가는 모습이 보였다. 그들은 가슴에 안았던 꽃다발을 제단 위에 바치고 돌아나간다. 얼마나 아름다운 '봉헌'의 모습인지. 제단에 쌓인 봉헌꽃다발을 앞에 놓고 신도들은 서로에게 '평화의 인사'를 보낸다.

"평화를 빕니다!"

네덜란드 신사부부가 서로를 껴안고 평화의 인사를 나누는 것을 기다렸다가 나도 그들에게 손을 내밀어 악수로 인사를 나눴다.

"평화를 빕니다!"

신자들이 서있는 긴 줄에 서서 나도 신부님 앞으로 걸어 나가 하나님의 몸인 '영성체'를 받아 입에 넣었다.

대성당의 높은 천정 안을 울려 퍼지던 남녀 혼성 코러스의 마침성가가 멈춘 후에 나는 신부님이 계신 제단 앞으로 갔다. 검은 옷의 젊은이들을 좀 더 가까이서 그들의 얼굴

보고 싶어서였다. 그러자 그들 젊은이들 틈에서 정리하는 것을 거들어주고 있는 여성이 있어서 그녀에게로 다가갔다.

"당신이 혹시 오늘 공연의 연출자이신가요?"

그녀의 민첩하고 활달한 모습이 이 공연자들과 무관하지 않은 것 같아서 그렇게 물었다.

"아닙니다. 나는 이들을 취재하러 온 아바나 신문의 기자입니다. 조금 후에 이 사람들과 인터뷰를 하기로 되어있어서 거들어주고 있는 것입니다."

나는 그녀가 기자라고 하는 바람에 이야기를 듣고 싶어서 얼핏 나를 소개하였다.

"글을 쓰고 있는 사람입니다. 사우드코리아에서 왔어요."

여기자는 손을 내밀더니, "아, 그럼 인터뷰에 함께 가시겠어요?" 한다. 나는 인터뷰까지 할 생각은 없었다. 그냥 간단히 오늘 미사에 대해서 듣고 싶었을 뿐—.

"이들은 쿠바 에스파뇰라 발레단의 단원들입니다. 오늘 이 미사는 지난 7월에 사망한 스페인 최고의 플라멩코 무용가이며 안무가인 안토니오 가데스를 추모하기 위해서 마련된 미사입니다. 그래서 그가 남긴 업적을 기리기 위해서 플라멩코 춤과 노래로 이 미사를 진행한 것입니다."

여기자는 자기 나라에 관심을 가져주는 나에게 성의 있게 설명해 주었다.

"안토니오 가데스는 특출한 안무로 안달루시아 민속춤인 플라멩코를 창작예술로 격상시킨 천재 무용가입니다. 67세로 세상을 떠난 가데스의 죽음은 무용계의 큰 슬픔이지요."

그녀는 인터뷰가 시작된다는 연락을 받고 나에게서 떠났다.

성당 문을 나오면서 손에 쥐고 있던 안내장을 다시 한 번 살폈다. 'MISA FLAMENCA' 이렇게 적힌 큰 활자 밑에 작은 활자의 글이 있었다. 'Dedicada al gran bailarin coreografo y maestro Antonio Gades.' '위대한 무용가, 안무가, 그리고 작곡가인 안토니오 가데스를 위한 봉헌'

쿠바의 수도 아바나. 사회주의 국가인 이곳에서 일요일 아침 미사에 참례를 할 수 있었다는 것은 큰 은총이었다.

성호를 그으며 잠시 눈을 감았다.

(2005)

세계를 떠돈 어릿광대, 나의 젊은 날의 삶

나의 역맛살(役馬煞)은 1966년, 마닐라에서 열린 UN주최 여성지위향상 세미나에 참가하는 것으로 시작되었다. 한 해가 멀다고 집을 떠나 김삿갓도 아니면서 홀로 나그네가 되어 세계를 떠돌아다닌 나의 사주에는 실제로 역맛살이 두 개나 끼어있다. 1989년에야 여행자유화가 된 한국인이 해외에 나가기 위해서 여권을 낸다는 것은 '하늘의 별따기'였던 시절, 나는 국제회의 참가를, 또는 신문사 프리랜서 취재를 명분으로 김포공항을 빠져 나가기만 하면 여권을 쥔 김에 비행기표 하나로 갈 수 있는 나라들을 줄줄이 들르곤 했다.

그 시절에 여자 혼자 남의 나라를 다닌다는 것이, 행여 이북 첩보원에 납치라도 당하는 일이 생길까 봐 정부에서는 모른 척 할 수 없는 일이었다. 나는 현지 공관의 보호를 싫든 좋든 받으며 다녔다. '나 홀로 걸어서'의 여행이 아닌, 귀한 손님노릇을 하며 해외공관에 나와 있는 신사들의 에스코트를 받는 신데렐라가 된 것이다. 뒤집어 추리한다면, 이 여성이 밖에 나가서 혹, 무슨 간첩 행위라도 하는 것이 아닌가 하는 것도 겸해서 밀착 감시를 위한 에스코트였는지도 모르지만 말이다. 그랬건 아니건 나는 그럴 때마다 기사도(騎士道)를 발휘하는 멋진 신사 앞에 숙녀가 되는 감정을 쏠쏠히 누리며 다녔다는 것도, 아니라고 말할 수 없다.

1974년, 우리나라 남미 농업이민이 한창일 때, 교포들의 삶을 취재한다고, 태평양 한 가운데 타히티 섬나라를 거쳐, 아르헨티나, 칠레, 페루, 우루과이 등 남미의 그 많은 나라들을 샅샅이 돌고는, 그래도 모자라서 돌아오는 길에 카리브 해의 섬나라인 도미니카 공화국과 아이티까지 찾아갔다. 아이티를 간다니까 "그 가난한 검둥이 나라에, 영어도 통하지 않는데 뭣 하러 가느냐?"고 말리는 외교관도 있었는가 하면, "이경희 씨에겐 갈만한 나라에요. 그 나라 그림들이 참 좋거든요." 하고 용기를 주는 문정관도 있었다.

혼자서의 나그네 길은 구애받는 일이 없어서 좋았다. 박물관, 미술관을 들르는 일은 필수였지만 나는 별나게도 작은 극장에서의 공연을 보는 것이 여행의 즐거움의 하나였다. 그 중에 나를 반하게 한 것이 유럽나라에서 흔히 볼 수 있는 마리오네트(Marionette)* 공연이었다. 우리나라에서는 일본사람들이 버리고 간 '인형극'이라는 언어만 살아있을 뿐 실제로 형체가 없이 불모지였던 이 마리오네트 공연을 보면서, 꿈과 정서와 해학이 넘치는 무대에 나는 참을 수 없는 유혹을 느꼈다. 호기심과 보잘 것 없는 용기로, 새로운 일을 하기 좋아하는 나는, 아니 일하기 좋아하는 것이 아니라 정확히 말하면 일을 벌이기를 좋아하는 나는 유럽의 마리오네트 공연 예술을 한국에 끌어들이기 위해 글을 쓰는 일을 잠시 멈추고 외도(外道)를 시작한 것이다.

한국에는 전통 민속놀음인 남사당(男寺黨)의 '꼭두각시놀음' 하나가 그나마 박물관 유리장 속에서 잠자고 있는 유물처럼, 공연하는 일도 거의 없었기 때문에 전문가도 아닌 내가 그 일을 하겠다고 한 것은 혼자서만 이런 공연을 보고 다닐 것이 아니라 우리나라 사람들도 즐길 수 있게 해 주고 싶은 그런 단순한 마음으로 뛰어들었던 것이다. 그러나 새로운 공연예술분야를 탄생시킨다는 일은 그런 단순한 마음으로 되는 것이 아니라 전문성을 찾아 발 벗고 나서지 않으면 안 되는 일이었다.

1978년 인도 뉴델리에서 열린 아세아 작가세미나에 갔다가 그길로 나는 독일로 향했다. 서울에 있는 독일문화원 관장인 게오르그 레히나 씨가 나의 마리오네트에 대한 관심을 듣고 독일 스튜트가르트에 가면 세계적인 마리오네티스트가 있다고 알려주는 바람에 우선 그 사람을 만나보고 싶어서 독일을 첫 걸음으로 택한 것이다.

프랑크푸르트 비행장에서 택시를 타고 호텔로 가는 길에는 부슬부슬 비가 내리고 있었다. 길 양옆으로 우거진 나무숲이 가도 가도 끝이 안 보인 탓인지, 택시 기사가 마치 나를 〈이상한 나라 앨리스〉에 나오는 알 수 없는 세계로 데리고 가는 것 같은 의심도 살짝 들었다. 뿌연 하늘 때문에도 더 그랬다. 한국에서는 보기조차 어려운 차종인 벤츠 택시에 앉아 거룩한 체 하고 앉아있었으나, 라디오에서 하이파이 음악으로 흘러나오는 모차르트인지 베토벤인지의 귀에 익은 심포니 음악은 가뜩이나 불안한 나의 마음을 더욱 아득하게 만들고 있었다. 나는 뉴델리 작가 세미나 중에 몰래 빠져나와 유명하다는 점성가를 찾아갔던 생각을 하며 그때 들은 나의 별 이야기를 상기했다.

"당신의 별은 뜨거운 태양입니다. 그 태양의 별이 새로운 곳을 향해 강렬한 빛을 비추려고 하는군요." 점성가는 손님에게 좋은 이야기를 들려줘야 돈을 벌 수 있다. 그렇기는 하지만 막 새로운 일을 하려고 하는 내가, 그것이 궁금해서 물어보러 찾아갔는데, "새로운 일을 하려고 하고, 그 일이 남을 기쁘게 해주는 일이다"는 점성가의 그 말이, 우연히 짚어본 사기꾼의 무책임한 말이라고 해도 나는 그 말을 믿고 싶었다. 진동 없이 굴러가는 묵직한 벤츠 차의 편안함 때문이었을까, 부슬비가 내리고 있는 회색빛 그 길이 미지의 세계로 들어가고 있는 길 같아 불안할 수 있었지만, 뉴델리 점성가의 말을 떠올리며 기대를 걸었다.

스튜트가르트에 세계적 마리오니스트가 산다는 말을 듣고 그야말로 남대문입납으로 찾아간 알브리히트 로저 씨의 도움으로 나는 당장 마리오네트의 국제기구인 유니마(UNIMA, 국제 마리오네트협회)에 한국을 가입시키는 일부터 했다. 프라하에서 조직된 유니마의 역사는 이미 50년이 된 유네스코산하의 국제기구이다. 유니마 사무국장인 폴란드의 헨리크 유르코프스키 박사를 통해 다음해인 1979년에 한국을 회원국으로 가입시키는 일을 그야말로 일사천리로 마무리했다. 그 후부터 나의 삶은 어릿광대가 되어 또 다른 형태의 나그네가 되어 세계를 떠돌아다니기 시작하게 되었다.

나는 마리오네트, 즉 꼭두놀음의 실체를 우리나라 사람들에게 보여줘야 했다. 그래서 만든 것이 꼭두놀음패 '어릿광대'(Marionette Theatre 'Piero')였다. '꼭두놀음'은 인형극의 순수한 우리말이다. 나는 첫 번째 작품으로 우리의 탈춤 '양주별산대'를 꼭두놀음으로 제작하였다. 꼭두극 '양주별산대'는 한국 최초의 마리오네트 공연으로 소극장 '공간'(空間)에서 그 첫 막을 올렸다. 말할 것도 없이 이 새로운 공연무대는 사람들의 큰 환영을 받아 연장공연까지 하게 되었다. 소극장 공간은 한국의 전통악기 음악인 '사물놀이'를 처음 탄생시킨 곳이기도 하다.

한국이 유니마 회원국이 된 후, 그 첫 번째 총회가 워싱턴에서 열렸을 때였다. 나는 다음 총회개최지 선정을 할 때 동독의 드레스덴에 투표를 하였다. 바로 내 옆에 동독 대표가 앉아있었는데 그에게 바겐을 제안했다. "내가 당신 나라에 투표를 할 테니 드레스덴이 결정되면 한국을 초청해 주시겠어요?" 동독 대표 메서 박사(Dr. M ser)는 한 표가 소중하니까 쉽게 "야!" (Yah!)라며 반겼다. 메서 박사는 영어를 못했다. 나는 독일어를 못했다. 그래도 우리는 언어가 필요 없이 눈웃음만 가지고도 충분했다. 그렇게 해서 맺어진 인연의 의리를 메서 박사는 성실하게 지켜줘서 한국에서 열한 명이나 참석하는 많은 인원의 비자를 세 번에 나누어 보내줬다.

1984년 동독 드레스덴에서 열린 세계꼭두극페스티벌(Dre- sden World Marionette Festival)에 '양주별산대' 꼭두극이 초청되어 나는 사물놀이패까지 이끌고 드레스덴 공연에 나섰다. 한국에서 처음으로 공산권 국가 무대에서 공연을 하는 역사적인 일이라는 긍지를, 그러나 조심스럽게 마음속으로만 간직하고 동독으로 향했다. 나의 도깨비짓은 본격적으로 국제무대까지 진출하기에 이르렀으니 그때부터 나의 모습은 물귀신에게 잡힌 꼴이 되어 자꾸 자꾸 깊은 물속으로 끌려들어가고 있었다. 한 번 물귀신에게 잡히면 깊은 물속 바닥까지 끌려들어가지 않으면 놓아주지 않는다지 않는가.

드레스덴에 가기 위해서 김포공항에 집합한 우리일행 중에는 나의 큰딸 승온이도 단원에 끼어있었다. 공항으로 배웅 나온 나의 남편이 공연 준비물을 넣은 큼직한 트렁크를 지키고 서있는 딸을 보고는 말했다.

"어쩌다가 네가 젤소미나가 되었니?" 일행들은 폭소를 터뜨렸다. 안소니 퀸이 주연으로 나온 '길'이라는 영화에서 거리의 차력사인 안소니 퀸을 따라다니며 나팔을 부는 바로 그 젤소미나에 비유한 것이다. 웃기기 위해서 한 말이지만 비용을 절약하기 위해서 나의 딸까지 '어릿광대' 꼭두극단의 패거리로 동원시킨 나의 마음은 씁쓸했다.

  나의 어릿광대의 유랑은 끝이 없이 이어졌다. 1984년 동독 드레스덴에서 열린 세계꼭두극페스티벌에 이어서, 1986년에는 역시 동구권 국가인 유고슬라비아의 류브리아나(Liub-liana) 청소년페스티벌에도 꼭두극 공연이 무대에 올랐다. 나는 무대 위에서 '양주별산대' 공연 시작 전에 제사상을 차려놓고 관객들로 하여금 그 앞으로 올라와서 절을 하게 했다. 우리들 패거리가 먼저 시범으로 제사상 위에 돈을 놓고 큰절을 하는 것을 보여주었다. 한 가지씩 기원을 가지고 절을 하면 소원이 이뤄진다고 말해줬더니 관객들은 너도나도 줄을 서서 단상으로 올라왔다. 유럽관객들이 지갑에서 1불짜리 지폐를 제사상에 꺼내 놓으면서 큰절을 했다. 나는 그들이 무대 제사상 앞에서 정중하게 큰절을 하는 모습을 보며, 흐뭇한 마음으로 그들의 기원이 이뤄지기를 바랐다.

  창작무대공연에는 우리의 역사가 짧아서 유럽에 뒤떨어질지는 몰라도 오랜 역사의 얼이 살아있는 한국의 민속무대 앞에서 무릎을 꿇고 큰절을 할 수밖에 없이 만든 나의 '어릿광대' 행로는, 글을 쓰는 일에서 잠시 외도를 하였지만, 세계를 떠돈 나의 젊은 날의 삶의 작은 흔적의 하나로 여기고 싶다.

나의 어릿광대 노릇의 하이라이트는 뭐니 뭐니 해도 남사당 패거리 일곱 명을 거느리고 유럽순회공연을 했을 때일 것이다.

1982년, 프랑스 렌느에서 전통예술제가 열렸을 때였다. 렌느문화원장의 부인 프랑소아즈 카사나다 여사가 한국의 남사당놀이에 관심을 가지고 내한했다. 마담 카사나다는 한국의 민속놀이 '남사당'(男寺黨)의 참가를 나에게 부탁하였다. 남사당의 해외 첫나들이 공연이었다. 남사당 깃발을 쳐들고 꽹과리, 징, 장구, 피리 등, 이 풍물들을 귀청 찢어지게 쳐대는 농악소리에 렌느 시민들은 놀래서도 집 밖으로 뛰어나오고, 흥겨워서도 거리로 뛰어나왔다. '농자천하지대본'(農者天下之大本)이라고 쓴 긴 깃발을 앞세우고 길놀이를 하는 남사당 패거리 옆에서 나는 붉은 깃발 영기(令旗)를 쳐들고 따라다니는 광대가 되어야했다.

유럽인의 세련된 현악기의 리듬을 사정없이 바숴버리는 듯 때려대는 우리의 풍물악기들이 기를 쓰며 내는 소리는 프랑스의 작은 도시 렌느를 마구 흔들어대고 돌아왔다. 실제로 시민들 중에는 두 손으로 귀를 막고 찡그린 이마를 펴지 못한 채 거리에 서있는 사람이 있는 것을 나는 보았다.

렌느 페스티벌에 이어서 남사당은 밀라노와 암스테르담 순회공연을 마치고 마지막으로 파리로 입성했다. 우리는 파리의 최고 문화관광지 퐁피두센터 광장에서 파리 시민들을 모아놓고 한바탕 민속놀이 굿판을 벌였다. 이번에는 내가, 젤소미나가 아닌 본격적인 차력사 안소니 퀸이 된 것이다. "저는 글을 씁니다." 하며 고상하게(?) 폼을 지으며 자기소개를 하곤 하던 여자가 어릿광대짓을 하며 세계를 떠다닌 지 20년 만에 외도를 끝내고 나의 '글 쓰는 집'으로 돌아온 주변은 조금도 낯설지가 않고 그대로였다. 글을 쓰는 나의 세계가 늘 나를 기다리고 있었다는 것이 눈물 나도록 가슴 벅찼다.

그래서 되돌아 본, '지난날의 나의 삶'의 일부를 여기 간추려 보았다. (2010)

* string puppet이라고도 함. 끈으로 조종하는 꼭두각시극, 또는 실이나 끈을 달아 위에서 조종하는 여러 가지 종류의 인형들의 총칭.

4부 | 외로울 땐 편지를

외로울 땐 편지를
― 몬테카를로에서

모나코는 아침부터 비가 내리고 있었다. 음산하고 쓸쓸하기 그지없는 구라파의 우기(雨期)가 시작된 건지―. 나와 상관없는 시민들이 빗속을 걸어가고 있는 모습이 갑자기 나를 권태롭게 한다. 부산하게 줄지어 오고가는 자동차들은 갈 곳 없는 나를 더욱 외롭게 만든다.

호텔 식당의 손님들이 나처럼 모두 조용히 차를 마시고 있다. 그러면서 무엇인가를 생각하고 있다. 여행자란 이런 상황까지 예상하고 떠났으련만, 갑자기 "이건, 너무 외로워!" 하고, 소리라도 지르고 싶을 정도로 침울한 아침이다. 그러면 저쪽 손님도, 이쪽 편의 머리가 흰 나이 든 남자도, "참, 그렇군요. 같이 소리를 지릅시다!" 하며, 나에게 호응이라도 할 것 같은 시간이다.

얼마 후, 코트의 빗물을 떨구며 들어오는 한 신사를 대하는 순간에야, 모두들 기다리고 있는 관광버스로 나갈 차비를 해야 하는 현실로 돌아온 표정을 한다.

망통으로 가는 관광버스는 빗길을 달린다. 그리도 푸르

고 아름답던 지중해가 비안개 때문에 온통 하늘과 바다를 분별할 수 없는 것을 누구에게 탓하랴. 망통에 다달아도 비는 여전히 내리고 있었다.

오래된 건물들이 한층 역사를 느끼게 한다. 그러나 내가 관여하지 않는 이 도시의 역사에 마냥 사랑을 던져 줄 수는 없다. 그저 구경꾼으로서의 찬사밖에―.

비가 싫어서 일찍 버스로 돌아온다. 청승맞게 빗속을 돌아다니며 굳이 구경해야 할 이유가 어디 있는가. 따뜻한 온돌방에 엷은 이불을 덮고 누워 있을 수 있는 내 집을 두고 온 것에 잘못이 없는가를 생각하며 항구 도시를 떠난다.

호텔에 돌아와서 잠시 로비에 있는 소파에 앉아 몸을 쉰다. 때로는 사람들이 보아주는 곳이래야 쉬어질 수 있을 것 같은 생각이 들기 때문이다. 그러나 나를 조금도 쳐다보지 않고 앉아 있는 맞은편 사람에게 오히려 불편함을 느낀다. 다른 몇몇 남녀가 여자 혼자의 모습에 마음 놓고 시선을 주고 있는 것을 나는 이해하기 때문이다.

몬테카를로―. 밤 카지노의 불빛이 휘황찬란하게 유혹을 한다. 멀리서 보아도 그 안에는 즐거움이 있다는 것을 안다. 그러나 값비싼 장식들과 차려입은 옷들을 뽐내며 저마다 파트너의 팔짱을 끼고 선남선녀들이 모여드는 카지노의 생리를 이미 나는 라스베가스에서 보았던 것을, 그곳에서 벌어지는 쇼가 아무리 지상 최대의 것이라 하더라도 혼자서 찾아갈 용기는 없다.

나는 방으로 돌아와 딸들에게 밀린 편지를 쓴다.

…그렇지 않니? 여행이란 떠난다는 결심과 용기만으로 흡족한 것이란다. 정작 낯 설은 곳을 돌아다녀 보았자 우리를 반겨 줄 사람은 없는 것이니까. 설혹 주제를 가지고 나왔다손 치더라도 아무도 아는 사람 없는 거리에서 비를 만나면 결심의 절반은 없어지게 마련이란다.

그러나 이곳 구라파의 풍속이나 문화에서 느끼는 것은 너무도 여러 가지가 익숙해 있다는 사실이다. 왜 그럴까? 엄마는 고민스럽게 생각했었단다. 서양이라는 곳이, 동양인인 나에게 이질적으로 느껴져야 할 텐데 다정스럽고 친근감을 갖게 된 것은 웬일일까 하고 골똘히 생각한 것이다. 그래서 지금은 어느 정도 엄마 나름대로의 해답을 이야기 해 보고 싶다.

우리의 교육이 너무나 서구적이었던 탓인 것 같구나. 이곳의 허물어진 성곽이나 광장의 동상 하나를 보아도 그 역사와 인물을 이미 알고 있는 것들이라는 것. 그리고 하다못해 공동묘지의 한 이름 있는 비석을 보아도 내가 너무도 잘 알고 있는 사람이었다는 것이 사실 싫어질 정도였다. 왜 우리가 이들을 이렇게 잘 알고 있어야 하고 그것이 교양의 척도처럼 관념이 되어 있어야 하는지. 그런 것이 갑자기 싫어졌단다.

비가 내리고 있어서 그런가 보다. 엄마를 위하여 기도를 드려다오. 약해져서가 아니다. 너희들의 힘을 빌리려는 것뿐이다. 엄마 혼자서의 기도만으로는 안 될 것 같아서다. 너희들 생각이 간

절히 날 땐 엄마는 이렇게 기도를 한단다.

아직도 밖에는 비가 내리고 있다. 지금 바랄 것이 있다면 비가 멈춰 주었으면 하는 일이다. 비가 멈춘다는 일은 쓸쓸함도 멈춰 주는 일이니까. 엄마가.

칸느와 마르세이유로 떠나는 버스가 내일 아침 8시임을 다시 한 번 머릿속으로 확인하며 잠을 청한다.

(1976)

플라멩코와 스페인
― 마드리드에서

　Q씨. 마드리드의 좁은 골목길에 들어설 때마다 나는 문득 이상한 전율감(戰慄感)에 사로잡히곤 하였습니다. 문화영화나 관광포스터에서 본 그 검은 투우 떼가 나를 향해 달려올 것 같아서였습니다.
　영화에서 소 떼에 쫓겨 도망치는 사람들의 모습은 그렇게도 흥겨웠는데 지금은 그렇지가 않습니다. 영화에선 늘 2층 베란다의 안전지대에서 구경시켜 주지만 지금 내가 걷고 있는 골목길은 완전히 무방비 상태여서 말입니다. 웃으실 테지만 애들의 뛰어오는 소리에도 얼핏 뒤돌아보곤 한답니다.
　그러나 Q씨. 나는 스페인에서 투우 구경을 할 생각을 하지는 않습니다. 그래서 지금 이곳에서 투우를 하는지 않는지, 전혀 알려고 하지를 않습니다. 항상 약한 소 쪽이 죽어가고, 죽인 쪽이 환호를 받는 그런 잔인한 '쇼'가 싫어서입니다. 그런 것은 기록영화로도 너무나 충분합니다.
　비겁하게도 사람들이 정면 대결은 하지 않고, 쫓기면서

상대에게 약을 올리는 싸움! 그래서 지쳐 버리는 검은 소의 두 눈—. 나는 늘 그 두 눈동자가 슬펐습니다. 투우사(鬪牛士)의 예리한 비수가 자기의 심장을 겨누고 서 있는 것도 피할 수가 없이 지쳐 버린 소의 모습, 그런 것을 목격할 용기는 없습니다. 혹, '카르멘'이란 여자를 내가 좋아하고 있다면 그것은 나에게 없는 이런 독성에 대한 향수 때문일는지는 모르지요. 잔인해서 싫다고는 하면서 그림엽서는 마음껏 투우장의 광경이 있는 것을 골랐습니다. 사람이란 이렇게 간교한 데가 있군요.

Q씨. 구라파에서 오래간만에 맑고 개인 날을 맞이했습니다. 검은 빛깔의 옷만을 상상했던 것과는 달리 이곳 여인들은 아주 밝은 원색의 옷들을 입고 있었습니다. 그런데 이 스페인이 낯선 느낌이 들지 않는 것이 이상합니다. 그래서 그 사고(思考)의 출처가 어딘지 더듬어 보았습니다.

그렇군요. 그것은 고 안익태(安益泰) 선생 때문인 것이 확실합니다. 이번 여행에서 이곳을 들르려고 처음부터 계획했던 이유의 하나도 그 때문이었습니다. 국교가 어떠하니 친교가 어떠하니 하는 정치적인 힘보다 개인 한 사람의 힘이 이렇듯 위대함에 새삼 감격과 다행함을 느낍니다. 특히 피의 연결이 이처럼 스페인에 대해 다정한 감정을 갖게 하는 것에도 놀라움을 느낍니다.

Q씨. 나는 여기서 안익태 선생의 막내딸, 레오놀 안(安)양의 이야기는 다시 하지 않기로 하겠습니다. 그것은 이미

우리의 신문에 실렸던 이야기니까요. 그저 나는 먼 나라에 찾아와, 외모는 다르나 그 아버지가 한국인이란 그 하나의 사실만으로 느껴지는 애정—, 그 진한 사랑의 감정을 느꼈던 신비함을 영원히 잊을 수 없다는 것을 이야기하고 싶습니다.

이곳에서 만난 미스 김 이야기도 해야겠습니다. 능통한 스페인 말을 하는 마음씨 고운 아가씨였습니다. 아르헨티나 이민에서 이곳으로 옮겨 왔다는 그의 가족은 오빠가 이곳에서 태권도 도장을 가지고 있었습니다. 그들의 도장까지 나는 따라 갔었지요. 우리 대사관에서 멀지 않은 곳에 있는 2층인가, 3층인 빌딩이었는데 그것이 그들 건물이라는군요.

'김 도장(道場)'이라고 크게 쓰여져 있는 도장 안에는 태극기가 자랑스럽게 걸려 있었습니다. 모든 구호나 명칭이 우리말이었다는 것도 물론 가슴 설레는 일이었지만 얼굴이 다른 그 나라 청년이 별로 체구가 크지 않은 미스 김의 오빠 앞에서 수강 신청을 하고 있는 모습을 보았을 때 왜 그렇게 기분이 유쾌했는지 모릅니다. 이런 광경은 어느 나라에나 있는 우리 태권도 도장의 공통적인 풍경일 것입니다. 그러나 내가 여기서 새삼스럽게 느낀 것은 인격이 갖춰진 성실한 한국 남자는 외국인 남자 속에서도 그렇게 뛰어나 보일 수 없다는 사실이었습니다. 그래서 공연히 한국말로 하는 그 구호나 호칭들이 미안하고 고맙다는 차원을 넘어

당연하다는 생각이 들게까지 된 사실입니다.

　에스파냐 광장의 '돈키호테' 동상도 일부러 보러 갔었습니다. 정말은 아니면서 소설의 주인공이었다는 사실만으로 정말로 있었던 일인 양 동상까지 세우고 하는 일―, 나는 이런 것을 직접 목격하기 전에는 우스꽝스럽게 생각했었지만 정작 그 앞에 서니까 세르반테스의 그 '돈키호테'와 그리고 그의 충실한 부하, '산초'의 이야기가 그리도 의미 있게 떠오를 수가 없었습니다.

　역시 작가란 위대한 힘을 가졌다는 것을 실감합니다. 실존하지 않아도 그것은 하등에 관계할 것은 못 되는군요. 그들은 말과 당나귀를 타고 당당히 우리를 내려다보고 있었습니다. 우리도 소설 속의 인물을 이렇게 구체적으로 형상화시키고 싶다는 생각을 했습니다.

　말하자면 ≪렌의 애가(哀歌)≫의 렌을, 또는 ≪상록수(常綠樹)≫의 채영신과 박동혁 같은 인물을 말입니다. 이같은 사랑의 참다움을 아는 한국인의 상을 나는 서울 네거리 한 모퉁이에 세워도 괜찮을 거라고 생각했습니다.

　사실 우리의 시인이나 소설가들이 너무도 외국에 알려져 있지 않은 것이 안타깝습니다. 국내에선 유명 시인이고 소설가인데 일단 김포공항을 뜨면 그것은 잡화상회 주인인지, 마차 끄는 아저씨인지 몰라 주거든요. 왜 그렇죠? 우리는 너무나도 우리 스스로를 알려줄 줄 모르고 있습니다. 그러면서 남의 나라 것을 알기에는 지나친 성의를 베풀고 있는 것 같습니다.

　나는 이미 다 잊은 그 '돈키호테' 앞에서, "아! 정말, 나는 스페인보다 돈키호테를 더 먼저 알았었지…. 그리고 앞으로도 역시 돈키호테는 스페인보다 더 똑똑히 기억에 남을 거야─" 이런 이야기를 혼자 지껄였습니다.

　스페인까지 와서 플라멩코를 구경하지 않고 돌아갈 수 있겠습니까? 나는 미스 김에게 부탁해서 플라멩코 춤을 볼 수 있는 곳을 안내 받았습니다. 사실이지 이런 곳에 여자 둘이서만 간다는 것은 구라파 사회에선 자칫 우리를 보는 눈이 다를 수도 있겠지만 여행하면서 매번 그런 것까지 신경 쓸 순 없는 일이지요.

　플라멩코 전문집의 맥주 값은 어지간히 비쌌습니다. 아마도 테이블 차지가 포함되어서였겠지요.

　우리는 맨 앞자리에 앉았었지요. 앞에 앉으면 춤추기 위해 순번을 기다리고 앉아 있는 무희(舞姬)들과 마주 앉게 되어 그들의 얼굴을 똑똑히 볼 수 있어서였습니다. 그들은 프릴이 가득 달린 긴 드레스를 차려입고, 까만 머리에는 정열적인 붉은 꽃을 달고 있었습니다. 이왕 돈 내고 들어온 것, 또 보이기 위해 죽치고 앉아 있는 무희들─, 그래서 아주 뚫어지게 봐 주었지요. 내가 사람들을 이렇게 쳐다보기는 처음인 것 같았습니다. 정말 잘 생겼더군요. 아니 매력적이랄까요? 그렇군요. 요염하다는 표현이 낫겠군요. 그토록 모두들 예쁘고 정열적으로 생겨서 남자 아니더라도 반할 것 같았습니다.

　Q씨. 용서하세요. 이런 얘기를 늘어놓고 있는 것을—. 여자란 모두 이런 젊음 앞에서는 무력해집니다. 한때 활짝 피면 그만인 그 젊음까지가 전부인 거니까요. 그 다음부터는 지금 내가 하듯 이렇게 멀찌감치 물러 앉아 그때를 찬양하고 멋대로 의미를 붙여 보는 통속녀(通俗女)로 변하는 거죠.

　춤은 계속되었습니다. 앞에 앉은 무희들이 한 사람씩 순번대로 무대 한가운데로 나와 솔로 춤을 추었습니다. 뒷굽 높은 구두로 강한 발 박자를 내며, 동시에 손뼉과 캐스터네츠의 열정적인 리듬과 함께 춤을 추었습니다. 나는 그 열띤 춤과 호흡에 가슴이 두근거렸습니다. 춤 감상은 차라리 뒷좌석이 좋았을지 모른다는 생각이 들 정도였으니까요. 더욱이 춤추는 무희 곁에서 흥을 돋구며 뭐라고 소리를 지르는 남자 무용수들의 기성(奇聲)—. 과연, 플라멩코의 본고장에 왔다는 실감이 드는 그런 뜨거운 분위기여서 여행자인 나에게 한결 충족감을 느끼게 했습니다.

　Q씨. 나는 춤을 출 때는 으레 웃는 것인 줄 알았는데 플라멩코 춤을 추는 아가씨들은 웃질 않더군요. 우리 한국 춤에서 나는 그렇게 교육 받았는데 플라멩코 춤은 얼굴 양미간에 주름이 길게 패이도록 슬픈 표정을 지으며 춤을 추는 게 아니겠어요. 너무도 인상적이었습니다. 하나하나의 춤 동작이 그렇게 힘들게 보일 수 없었습니다. 아니, 금방이라

도 울음을 터뜨릴 것 같은 표정이어서 우리의 춤과는 너무도 대조적이고 너무도 진지한 느낌이었습니다.

나는 옆에 앉은 미스 김에게 남자 무용수들이 지르는 저 소리가 도대체 무슨 뜻이냐고 물었습니다. "죽도록 사랑한다!" "나를 버리지 말아다오!" "나에게 키스를!…" 대강 이런 뜻의 말이라는 것이었습니다. 그제야 알 것 같았습니다. 흥겨워 추는 춤이 아니고 사랑을 전제로 하고 추는 춤이니까 그럴 테죠. 소름이 끼치도록 흠뻑 젖어드는 구경이었습니다.

갑자기 나는, 아무도 날 말릴 사람이 없었다면 한바탕 춤이라도 춰 봤으면 하는 충동을 느꼈습니다. 무대 위의 남녀 무용수들이 아직도 춤의 순서를 기다리고 있는 것을 보면서 우리는 자리에서 일어났습니다.

(1976)

선물로 받은 옛 타이프라이터
— 몬태나에서

Q씨. 미국 몬태나 주에 갔을 때의 얘기를 들려드립니다. 연초에 셀리아라는 여성에게서 새해 카드를 받으니까 문득 그때 생각이 나서입니다. 셀리아는 보즈맨이라는 도시에서 내가 사흘 밤을 묵었던 집의 부인 이름입니다. 그때, 몬태나에 다녀와서 쓴 메모장엔 이런 이야기가 적혀 있더군요.

프렌치 씨에게 그가 듣고 싶어 하던 한국에 대한 이야기를 더 많이 들려주지 못하고 돌아온 것이 아쉽다. 그것은 동양과 서양이라는 문화의 차이를 설명하는 것이 쉬운 일이 아니어서가 아니라, 그보다는 엄청난 크기의 땅에서 사는 그 나라 사람과의 공통의 관심거리를 찾기에는 우리의 일정이 너무 짧아서였다. 그러나 진정으로 한국이라는 나라를 알고자 하는 프렌치 씨의 관심에는 적지 않게 감명을 받았다. 이번 몬태나 주 여행에서, 첫 번째 민박 가정인 에이본 시(市)에서의 헨슨 씨네와 두 번째인 보즈맨 시(市)의 프렌치 씨네 가정에서 똑같이 느끼고 돌아온 것은 그 사람들은 매일 매일을 신에게 감사하는 마음으로 살고 있다는 것이었다.

Q씨. 몬태나에 가기 전에 미국을 여행하였을 때는 그저 미국이라는 거대한 나라가 갖는 부의 힘에 놀라움만을 느꼈을 뿐 그 나라 사람들에 대해서는 잘 알지 못하였습니다. 그런데 그들과 함께 집에서 지내면서 느낀 것은, 그렇게도 부지런하고 검소하고, 그리고 가족과 이웃과 나라를 사랑하는 일을 다 하며 살고 있다는 것을 알게 된 것입니다. 그러면서도 매일매일을 신에게 감사하는 마음으로 살고 있는 그들에게 말할 수 없는 존경의 마음을 갖게 되었다는 것입니다.

Q씨. 에이본이란 도시에서 사흘을 지내고 다음에 보즈맨이란 도시로 갔습니다. 보즈맨에선 프렌치 씨 집에서 묵게 되었습니다. 그러니까 연초에 카드를 보낸 셀리아 여인의 남편이지요. 프렌치 씨는 건축가였습니다.

부인 셀리아는 남편이 아주 무뚝뚝하고 말이 없는 사람이라는 이야기를 그녀의 집으로 가는 차 속에서 들려주었습니다. 손님인 내가 혹시 남편에 대해 재미없어 할까 봐서 얘기를 미리 한 것 같았습니다. 그러면서, 남편의 설계를 주부들이 좋아해서 이 동네 집들은 거의 남편이 설계한 집이라는 자랑도 잊지 않았습니다.

셀리아는 나와 동갑의 나이였는데도 아주 앳되고 상냥한 여성이었습니다. 그녀는 언제나 웃으면서 나에게 많은 말을 해 주곤 했기에 오래 전부터 친했던 가까운 친구같이 느껴졌습니다.

그녀는 식사를 준비할 때도 이야기를 안 하면 노래라도 불렀습니다. 그녀의 부엌에는 피아노가 놓여 있었는데 요리를 하다가도 오븐 속에서 음식이 익는 동안 피아노를 치기도 한답니다. 나는 그녀의 흥을 맞추기 위해서 못하는 노래 대신에 발레 동작을 흉내 내며 춤을 추어 보였습니다. 그러면 그녀는 기분이 좋아서 피아노 대신에 오디오 음악의 스위치를 누르고는 나보다 더 큰 동작으로 춤을 추는 것입니다.

상상을 해 보세요. 두 여인이 저녁 준비를 하다 말고 팔과 다리를 옆으로 위로 저으면서 발레 춤을 춘다는 모습이 얼마나 가관이었겠어요. 저만치 소파에 앉아서 책을 보고 있던 그녀의 남편 프렌치 씨는 마침내 웃고 마는 것이었습니다. 결코 싫은 것이 아니라 아주 즐기고 있는 것 같았습니다. 아무리 무뚝뚝한 남자라도 그런 가관스런 모습의 여성들을 보고는 웃지 않을 수 있겠어요?

그날 저녁 프렌치 씨는 한국에 대해서 나에게 많은 것을 물어 보더군요. 그는 결코 무뚝뚝하고 말 안 하는 사람이 아니었습니다. 적어도 그날의 그는 그렇지 않았다는 것입니다.

"나는 내 남편이 이렇게 말을 많이 하는 것을 결혼하고 처음 보았습니다." 부인 셀리아의 말이었습니다.

그들 부부에겐 고등학교에 다니는 아들 둘이 있었으니까

결혼한 지 아마 15년은 되었겠지요. 그녀의 그 말이 설사 조금은 과장된 것이었다 하더라도 그날 그녀가 그토록 행복해 했던 것만은 나에게도 잊혀지지 않는 일이었습니다.

프렌치 씨 부부와 함께 옐로우스톤 국립공원에 간 날은 눈이 펑펑 쏟아져서 앞이 안 보일 정도였습니다. 하늘을 찌르듯 뿜어 올라가는 간혈천(間穴泉)의 물줄기, 그리고 아직도 살아서 부글거리고 있는 지각(地殼)들. 그런 자연 속에서 가끔 큰 뿔이 달린 엘크가 먹이를 찾아 눈길 위에 나와 있어서 프렌치 씨는 몇 번이나 차를 멈춰야 했습니다.

프렌치 씨 댁을 떠나는 날 아침 일찍, 셀리아가 나를 보자마자 이야기했습니다.

"당신이 자러 간 뒤에, 남편이 밤늦도록 나무 상자를 짰답니다. 당신에게 줄 옛날 타이프라이터를 담기 위한 상자를 짠 겁니다. 우리 집에 온 기념으로 당신에게 그 타이프라이터를 주겠다는 거예요."

나는 너무도 의외의 말에 잠시 말문이 막혔습니다. 프렌치 씨의 할아버지가 쓰시고, 그의 아버지, 그리고 프렌치 씨가 어려서 그것으로 타자치는 것을 배웠다는 언더우드 이름의 옛 타이프라이터를 기념으로 준다는 것이 아니었겠어요. 전날 그것을 보고 내가 좋아했더니 말입니다.

프렌치 씨는 웃으면서 타이프라이터가 들은 나무 상자를 두 손으로 들고 왔습니다. 그리고는 타자로 몇 줄의 글이 적힌 흰 종이 한 장을 주었습니다.

"이 타이프라이터는 미세스 이경희에게 주는 선물입니다. 이것의 값은 단지 5불입니다. 잭 프렌치."

한국에 입국할 때에 세관원에게 보여야 될 일이 있을지도 몰라서 썼다는 것이라는군요.

그 후, 프렌치 씨의 부인 셀리아에게서 매년 연말이면 카드가 왔습니다. 그러다가 어느 해인지 카드가 아닌 한 장의 편지가 왔습니다.

"남편, 잭이 저 세상으로 갔습니다. 당신이 우리 집에 와서 지냈을 때가 우리 가족에게 있어서 가장 행복했던 순간이었습니다…."

얼마나 슬픈 소식입니까? 그토록 건장한 체격과 잘 생겼던 잭 프렌치 씨가 세상을 떠났다니! 그 소식은 오랫동안 나에게도 슬픈 일로 남아 있었습니다.

그런지 몇 년 후에 그녀에게서 또 한 장의 편지가 왔습니다. 편지에는 재혼을 하였다는 이야기가 쓰여 있었습니다. 그 후부터 그녀는 셀리아 프렌치가 아닌, 셀리이 우드라는 이름으로 카드를 보내는 것입니다.

연초에 온 카드에도 '셀리아와 빌 우드', 이렇게 되어 있었습니다.

(1978)

어릿광대와 창녀娼女와
— 암스테르담에서

Q씨. 꽃밭이 끝나는 데서부터 운하는 흐르고 운하 다음은 촌락과 목장—. 네덜란드의 인상은 그저 이런 연속의 화첩을 뒤지는 것 같았습니다.

평화라는 것과 근면의 실체를 꽃밭과 운하로서 연결시켜, '잘 산다'는 의미를 생각하면서 버스 창밖을 내다봅니다.

풍요라는 말은 여기에 해당될 수는 없지요. 그것은 미주(美洲) 대륙의 것. 우리와 같이 작은 면적의 땅과, 그 땅에서 열심히 사는 사람들의 근면에서 얻어지는 진상이 아니고서야 이 '잘 사는' 나라의 참뜻을 깨달을 수 있겠습니까.

운하를 끼고 도시가 서고, 아니 도시로 운하가 지나간다고 해도 좋습니다. 짐 실은 큰 배도 지나다닐 수 있으니 편리할 거고. 유람선도 오가서 낭만도 있고. 이런 것을 못 봐 온 한국의 여자는 계속 부러운 이유만을 생각해 냅니다.

Q씨. 그럴수록 더욱 저는 저를 의식하게 되는군요. 운하 옆에서 저는 사진 한 장을 찍어 봅니다.

암스테르담 관광 코스엔 창녀촌도 들어 있었습니다. 저는 창녀에 대한 불결감이 여성들의 증오의 감정과 연결된 것이었음을 뉘우치면서 새삼스러운 느낌으로 그곳을 구경하였습니다. 그리고 여행하는 남자들은 얼마나 좋을까 하는, 진정 동경의 마음으로 젊은 육체의 여인들을 감상하였습니다.

불 꺼진 창도 군데군데 있었습니다. 그 창 속이 그처럼 호기심을 끌 수 없군요.

신사 숙녀들이 모두 잠시 그런 창 속을 들여다봅니다. 저도 돈낸 값을 다 치른다는 기분으로 그 속을 들여다보았습니다만 속상하게 아무것도 보이지 않았습니다.

운하를 사이에 두고 뻗어 있는 홍등가. 그 촘촘히 끼어 있는 작은 문 앞에, 혹은 장식창 안에, 그들은 손님을 부르기 위해 모두들 차려입고 저마다의 특징을 과시하면서 포즈를 취하고 있었습니다.

그녀들은 스스로 자기가 하나의 자랑스러운 상품임을 자처합니다. 그리고 우리들은 그 중에서 보다 나은 것을 고르는 손님이구요. 이런 것밖에 여기에 여자로서의 다른 감정이 삽입되지 않는다는 것이 저 자신 이상하였습니다.

그것은 아주 정화된 사랑의 감정이었습니다. 특히 우리의 안내양은 건강하고 발랄한 아르바이트 여대생이었어요. 신념 있는 그의 설명과 소개가 더욱 저에게 이 상품들을 사랑스럽게 하였습니다.

사실 이들은 이 나라가 내세우는 자랑스러운 물건(?)들입니다. 진실이 너무 적나라하게 나타날 때 우리는 당황합니다. 그러나 그 솔직함은 존경스러울 수 있습니다. 암스테르담의 창녀촌은 그런 데에 속합니다.

"하룻밤을 충분히 지내는 데 암만입니다. 한 시간은 25길다 이구요. 청결을 보장하며, 미녀의 서비스는 완벽합니다."

아라네라는 이름의 아르바이트 여대생은 아주 운치 있는 표현으로 이렇게 소개합니다.

딸을 가진 나, 한 사내의 아내인 나, 저는 정직히 이런 연대적 감정의 갈등과 싸우면서 거짓 없는 동물이 되어 보곤 하였답니다.

저는 새삼스럽게 '직업'이란 이름의 위대한 힘을 깨달았습니다. 직업엔 귀천이 없다는 말을 실제 눈앞에 보는 느낌이었으니까요. 그것은 그저 엄숙한 것. 그리고 처절한 것뿐입니다. 문학이나 예술인들 그렇지 않습니까? 그 창녀 중 누군가가 그렇게 말할 수 있을 것 같았습니다.

제가 서구적 직업의식의 철저함에 머리 숙인 사례는 이것뿐이 아니었습니다.

한 나이트클럽에서 늙은 피에로 부부의 쇼를 보았습니다. 한눈에 이들은 이것으로 늙은 사람들임을 알 수 있었습니다. 그만큼 거의 완숙한 재주를 가진 어릿광대였습니다.

어릿광대의 애수 띤 독특한 분장. 그것부터에서 저는 웃음을 참을 수 없었습니다. 노상 바이올린을 가지고 하는 쇼였습니다. 귀에 익은 명곡을 아주 제대로 연주하여 그것만으로도 관객을 사로잡는 그런 완벽한 솜씨였습니다.

어릿광대가 연주하는 동안 그 허술한 바이올린의 줄이 하나하나 풀어지기도 합니다. 그러는 순간 그의 얼굴은 점점 슬픈 표정으로 변해 가며 하나밖에 남지 않은 줄로 그냥 무슨 곡인가를 켭니다. 그 곡이 그리도 슬플 수가 없습니다. 바이올린 소리는 정말 변함없는 선율로써 저를 매료시켰습니다.

그런데 Q씨. 제가 말하려는 것은 이것뿐만이 아닙니다. 그 뒤에서 남편의 조역을 맡고 있는 부인이, 남편이 하는 쇼를 바라보고 서 있는 그 눈빛입니다. 어쨌든 수백 번 수천 번을 했을 그 같은 쇼일 텐데 부인이 그것을 그리도 반해서 볼 수 있을는지요. 저는 광대 구경보다, 황홀한 눈으로 남편의 재주를 바라보고 있는 그 부인의 모습을 더 감명 깊게 구경하였습니다.

참 행복할 거라고 생각했지요. 적어도 그렇게 봐주는 아내 앞에서 재주를 부릴 수 있는 남편. 그리고 그 반해 버릴 수 있는 남편의 재주를 매일매일 볼 수 있는 아내. 정말 볼 만한 구경이었습니다. 재주의 다음은 확실히 예술입니다. 이 광대는 예술을 하고 있었습니다. 누가 뭐래도 그것은 예술이지 재주는 아니었습니다. 영혼이 깃들고 아름다운 세상을 펼치는데 그것이 예술이 아니겠습니까.

저는 이 광대 구경을 하면서 스스로 부끄러움을 느꼈습니다. 재주는 고사하고, 이렇게 직업에 목숨 걸지 못하고 살아온 것에—.

Q씨. 관광버스가 한 술집 앞에 우리를 부려 놓았습니다. 이 나라 특유의 술맛을 보여 준다는 거였습니다. 관광객들은 좁은 홀에 들어가 모르는 사람들끼리 서로 얼굴을 맞대고 앉았습니다. 이럴 때 저는 외로움을 느낍니다.

전혀 모르는 이국인들 사이에 저 혼자뿐인 동양인이 그들과 얼굴을 맞대고 바라보고 있어야 한다는 일은 정말 괴로운 일이군요. 그렇지만 멋진 신사나 예쁜 여인과 짝이 되는 경우도 기대 안 되는 것은 아니지요.

여하튼 저의 앞자리에 앉게 된 사람은 체면 없게 보이는 뚱뚱한 할머니 할아버지였습니다. 무슨 동물이나 쳐다보듯 눈을 똑바로 뜨고 저를 보는 게 아니겠어요? 술이라도 빨리 제 앞에 놓여진다면 그 곤혹을 피할 수도 있었겠는데 아무리 기다려도 주문 받으러 오는 사람이 없었어요. 알고 보니 그 술집에는 젊은 청년 혼자서 일하고 있었습니다. 그 청년이 손님 한 사람 한 사람한테 가서 주문을 받고 술을 나르고 하는 거예요. 그러니 제 차례까지 오기가 쉬웠던 건 아니지요.

그런데 더 답답한 것은 그 청년 친구, 조금도 서두르지 않고 여유 만만히 다니는 태도였습니다. 마치 오페라 가수처럼, 배에 힘을 주고 콧노래를 부르면서, 마냥 기분을 내며 손님을 대하는 것입니다. 저는 뚱뚱보 할머니 할아버지 앞에 더 앉아 있기도 고역스러웠지만 그 건장한 젊은 청년을 가까이 대할 수 있는 바에 있는 자리가 눈에 띄어 그곳에 가서 걸터앉았습니다. 그리고 청년에게 말을 시켰죠.

"이 가게, 당신 거예요? 혼자서 하세요?"

청년은 주문한 말간 빛의 술을 제 앞에 갖다 놓으면서 말했습니다.

"물론이죠, 제가 주인이죠. 혼자서 하는 거예요."

"그럼 부자시네요."

"뭘요. 돈은 은행에서 빌린 거랍니다. 직장에 다니다 얼마 전에 이걸 시작했습니다."

여기까지는 돈을 얻어 사업하는 우리의 경우와 같을 수 있습니다. 그런데 인상적인 것은 손님이 많이 왔다고 해서 일을 적당히 해치우는 것이 아니라 똑같은 템포와 마음으로 완벽하게 한 가지 한 가지를 하고 있는 모습이었습니다. 저의 생각 같아선 한꺼번에 밀어닥친 손님들 편에서 오히려 적당히 해 줄 것을 기대할 정도인데, 거꾸로 이 청년은 자기 자신이 그렇게 못하고 해야 할 순서를 다하고 있는 것이었습니다. 이런 술집을 혼자서 끌고 온 이유도 지금 생각하면 바로 그런 배포였을 것 같습니다.

겉만 보고 떠나는 손님에게는 사소한 특징도 오래 기억되는 법인지 모릅니다만 어떻든 이런 완벽한 직업 정신은 저를 매혹시켰습니다. 하다못해 길가 벤치에 앉아 있는 노인들까지도 제대로 차려 입고 직업적으로 나와 앉아 있는 인상이 우리와는 판이하게 다르다는 것을 느낍니다.

  이제 고만 써야겠습니다. 안녕히!

(1976)

나의 유치원 친구, 백남준 이야기

　나의 유치원 친구 남준이를 이 나이에 다시 만날 수 있으리라고는 꿈에도 생각하지 못했었다. 그런데 35년 만에 그는 세계적인 예술가가 되어 한국에 돌아온 것이다.
　그가 돌아온다는 소식을 신문에서 읽고 나는 옛날 사진 묶음을 뒤졌다. 남준이와의 사진이 있었던 것이 기억되었기 때문이다. 그때 남준이와 내가 사진을 찍으려는데 갑자기 어떤 계집아이가 우리 둘 사이로 끼어들어 사진을 다시 찍을 수밖에 없었던, 그런 기억의 사진인데 아무리 찾아도 그것은 없었다. 그러나 다행히 유치원 졸업 때 모두가 같이 있는 사진은 있었다. 반갑기 그지없었다.
　나는 얼핏 남준이를 찾아냈다. 맨 뒷줄 왼편쪽에 상고머리 애가 남준이라는 것을 나는 금방 알아낸 것이다. 그런데 바로 양 옆에 서 있는 애들도 모두 상고머리를 하고 있었는데 나는 왜 그런지 남준이만이 상고머리라고 기억된 것은 이상한 일이다. 그때 남준이는 말이 없는 조용한 아이였다. 그렇기 때문에 나는 그애가 좋았다.
　그런데 사진 속에서 내가 어디 있는지를 찾는 데에는 시간이 걸렸다. 똑같이 에이프런을 입고, 가슴에 흰 손수건을 달고, 그리고 똑같은 형의 단발머리를 하고 있는 계집애들 가운데서 나를 알아내기가 힘들었던 것이다. 둘째 줄 가운데 단발머리가 나와 비슷했다. 그리고 그 얼굴을 다시 본 후에야 나라는 것을 확인할 정도였다.

남준이와 나는 창신동 같은 동네에 살았다. 그애 집은 서울에서 이름난 부자여서 매일 아침 유치원 갈 때면 나는 그애 집 캐딜락 자가용을 타고 가곤 했었다. 그 시절 서울에 캐딜락이 두 대밖에 없었는데 그 중의 하나가 남준이네 거라고 했다.

남준이 집은 마당이 넓고 뒤쪽에는 동산이 있어서 아이들이 가서 놀기가 아주 좋았다. 우리 어머니와 가까이 지내셨던 남준이 어머니는 늘 나를 불러 남준이와 놀게 하셨고, 나도 그애가 많이 가지고 있는 일본의 고오단샤[講談社]의 그림책을 볼 수 있어서 매일 같이 놀러 가곤 했었다.

우리의 유치원은 명동성당 앞에 있었는데 때로 남준이와 나는 을지로2가에서 동대문까지 전차를 타고 집에 오기도 했었다. 나는 자가용보다 전차를 타고 오는 것이 더 좋았다. 그것은 나의 아버지가 전기 회사에 다니셨기 때문에 나는 돈 안 내고도 전차를 탈 수 있어서였다. 나는 동그란 나무로 된 전차 패스를 목에 걸고 다녔었는데, 차장에게 그것을 쳐들어 보이며 큰소리로 "모꾸사쓰(木札의 일본말)" 하고 그냥 차 속으로 들어갔고, 남준이는 차표를 내고 타곤 했었다. 말하자면 그것이 나에겐 남준이 앞에서 유일하게 뽐낼 수 있는 일이었다는 것에도 이유가 있었던 것이다.

　남준이도 전차로 집에 오는 것을 좋아했다. 그애와 나는 전차에 오르자마자 우리가 들고 다니는 바스켓을 양 옆에 놓고, 창밖을 향해 무릎을 세우고 앉는다. 땡땡거리는 전차 소리를 들으며 창밖을 내다보면 마차도 지나가고, 소달구지도 지나가고―. 우리는 그렇게 앉아서 밖을 구경하는 것이 재미있어서 종점인 동대문에 다 와서도 차장이 내리라고 할 때까지 앉아 있곤 했었다.

　남준이 집엔 그애 외사촌들도 자주 와서 놀곤 하였다. 그런데 남준이는 그애들과 공 던지기를 하고 놀다가도 내가 가면 슬그머니 잡고 있던 공을 땅에 내려놓고 나에게로 오곤 해서 그러한 남준이를 외사촌들은 못마땅하게 생각하는 눈치였다. 나는 그런 것을 느낄 정도의 계집애였던 것을 기억한다.

　어느 날 나는 남준이 집에서 숨바꼭질을 하다가 그만 이마를 다쳤다. 남준이와 둘이서 뒷마당으로 숨으러 갔는데, 그곳에 쌓아 논 나무 사이에 쭈그리고 앉다가 나의 이마를 다친 것이 피를 뚝뚝 흘리게 됐다. 남준이는 흐르는 피에 겁을 먹고 있었다. 나는 무서워하는 남준이가 미안해서 이마의 아픔도 느끼지 못했다. 그후, 어른이 되어도, 나는 이마에 살짝 남은 상처를 보면서 그때 그 일을 생각하곤 했었다.

유치원을 졸업하고 남준이는 수송초등학교로, 나는 교동초등학교로 갈라져 가게 되었는데, 어떻든 졸업하는 날 남준이는 이 사실을 알고 어찌나 슬피 울었던지 남준이 어머니가 그것을 달래느라고 혼이 났었다는 이야기를 나중에 들어서 알았다. 나도 우리가 서로 헤어지게 된 것을 미리 알았더라면 울었을 것이 분명하다. 그때 나는 부모님들이 왜 우리를 다른 학교에 가게 하셨나 하고 원망스런 생각을 했던 일도 기억된다.

그후 우리는 자연히 만나지지 않게 되었다. 그러자 우리 집은 동대문 밖 창신동에서 종로2가로 옮겼다.

내가 숙명여중에 다닐 때였었다. 단체 관람으로 명동에 있는 국립극장에 갔었는데 그때 경기중학교 학생들도 와서 극장 안에 앉아 있었다. 경기중학이면 남준이가 다니는 학교여서 그가 왔을 것 같아 가슴을 두근거리며 그애를 찾았다. 그러나 남준이는 끝내 눈에 띄지 않았다. 서운했다. 그 서운함은 몇 년 계속됐던 것 같다.

남준이가 홍콩으로 갔다는 것을 안 것은 부산에 피난 가서였다. 나의 어머니는 그때까지도 남준이 어머니와 연락이 있으셨던지 우리가 부산에 피난 간 지 얼마 안 돼서, 나를 남준이 집에 데리고 가셨던 일이 있다. 남준이 어머니께서 나를 보시자마자 "준이는 홍콩으로 갔단다. 거기서 저의 형이 있는 일본으로 갈 거야." 하셨다. 나는 그 사실이 그렇게 허망했고 쓸쓸할 수가 없었다. 남준이는 그렇게 한국을 떠나 버렸던 것이다.

　백남준의 귀국은 매스컴에 의해 알았다. 비디오 아티스트로서의 그는 내가 알고 있는 정도를 훨씬 넘는 그런 대단한 인물로 되어 있었다.
　그가 그의 일본인 부인과 함께 입국하는 모습을 나는 TV로 보았다. 반갑기도 하고, 이상하게 서먹서먹한, 아무튼 그런 기분이었다. 내가 만일 소설로 쓴다면 그때의 기분을 제대로 표현할 것 같은데… 하는 그런 생각이었다.
　아주 오래 전에, 내가 결혼하고 얼마 안 되었을 때, 남준이 누님을 길에서 만난 일이 있었다. 그때 누님은 "남준이는 장가도 안 들고 독일에서 전위예술인지 뭔지 괴상한 짓을 하고 있다."고 걱정스럽다는 식의 이야기를 들려주었던 일이 있어서, 나는 어떻든 남준이는 그렇게 그냥 예술만 하고 사는 줄만 알았는데…. 그런 그가 일본인 부인과 함께 고국에 돌아온 것이 나에게 세월을 느끼게 했다.
　흰 와이셔츠에 검은 멜빵을 멘, 헐렁한 옷차림의 백남준이가 친척들의 환영을 받고 있는 모습을 방에 앉아서 먼 산 바라보듯 하였지만 나의 머릿속의 주마등은 끊임없이 굉음을 내며 돌아가고 있었다.
　그런데 남준이가 공항에 내리자마자 기자들이 묻는 말에 "나의 유치원 친구, 이경희를 만나고 싶다."고 말했다는 기사가 바로 석간신문에 실려 있는 것이 아닌가! 나는 혹시 잘못 본 것이 아닌가 했지만 분명히 거기엔 "유치원 친구, 이경희"라고 씌어져 있었다. 나는 깜짝 놀랐다. 그리고 반가웠다. 도대체 "이경희"라고 해서 누가 난 줄 알 것인가? 그러나 그가 분명 나의 친구였음을 확인하는 감격적인 말임에 틀림없었다.

그날 밤, 나는 퇴근한 남편에게 이 사실을 전하면서 신문 기사를 보여 주었다. 남편은 기사를 보면서 "미친 놈!" 하고 내뱉듯이 말하는 것이었다. 그러나 그러는 그의 얼굴과 음성은 '응당 그럴 수 있다'는 것을 이해한 사람의 그것이었다.

사실 나는 남편이 아무 말 없이 가만있었으면 얼마나 불편했을까? 그런데 그의 너무도 적절한 표현이 그리도 고맙게 느껴질 수가 없었다.

남편은 나의 첫 수필집 ≪산귀래≫에 쓴 〈왕자와 공주〉라는 글에서 이미 남준이와 나 사이를 알고 있었기 때문에 백남준이를 유치원 남자 친구 이상의 성장한 남자로 보지 않고 있었다는 것을 알았다.

나는 그가 묵고 있는 워커힐호텔로 전화를 걸었다. 그러나 그와 연결이 안 됐다. 나는 교환양에게 나의 이름과 전화번호를 일러주고 백남준 씨에게 전해 달라고 하였다.

얼마 후 전화가 걸려 왔다. 남준한테서였다. 그는 "여보세요. 이경희…" 하는데 그 목소리가 40년 지난 세월인데도 나는 남준이임을 금방 알 수 있었다. 물론 그의 변한 목소리를 알 리가 없었지만 그 음성이 남준인 것을 알았다.

그는 전제 이야기가 없이 전화로 이렇게 묻는 것이었다.

"경희, 이마 다친 것 어떻게 되었지? 경희 이마에 피가 흘러서 내가 얼마나 미안했는지 몰라. 상처가 아직 남아 있어? 우리 둘이 찍은 사진이 있을 텐데 경희가 가지고 있지 않아? 우리가 들고 다니던 바스켓 생각나? 경희 것은 빨강, 내 것은 하양…. 땡땡거리는 전차 재미있었지? 전차 굴러가는 쇠바퀴 소리도 좋았고─. 그때, 명동의 국립극장에서 경희를 보았는데 부끄러워서 숨었었지─."

남준이에게 있어서 나는 아직도 그때 그 세월 속에 머물러 있었다.

그와 만나는 날 나는 유치원 사진을 가지고 갔다. 실제로 이것밖에 그와 나를 연결할 것이 없었으니까─.

그는 사진을 들여다보며 "경희는 여기 있는데 나는 어디 있지?" 하는 것이었다.

남준이도 나처럼 자기의 얼굴을 잊고 상대의 얼굴만 기억하고 있었다는 것이 얼마나 재미있는 일인가!

(1984)

바하마 뱃길, 긴긴 시간 남준南準이 생각을
― 바하마에서

바하마에 다녀왔다니까 D씨가, "바하마가 어떤 곳이죠? 지역이에요, 나라예요?" 라고 묻는다. 즉각 대답이 나오지 않았던 것은 그런 질문을 왜 하는지를 몰라서였다.

"바하마의 수도가 나소(Nassau)니까 나라겠죠."

"아아, 그런가요?" D씨는 싱겁게 나의 대답을 받아들였다.

바하마 관광책자를 뒤적였더니 이런 말이 적혀있었다.

"대부분의 사람들은 바하마를 생각할 때, 바하마는 단지 하나의 섬이라고 생각한다. 혹은 하나의 지역이라고 생각하는 사람도 있다. 그러나 그것은 잘못 생각하는 것이다. 바하마는 하나의 국가이다. 700백 개의 각기 다른 섬과 산호초들로 구성된 국가이다."

이것을 읽고서야 D씨가 물었던 이유를 알았다. 나는 그저 지리시간에서 배운 '바하마군도(群島)'라는 것만 외우고 있었을 뿐, 더 이상 아무것도 모르고 있었던 것이다.

마이애미에서 관광여행사 사무실에 들렀더니 '바하마크루즈 1일 관광'이라는 여행 프로그램이 있었다. 새벽 5시에 호텔을 떠나서 밤 11시경에 돌아온다는 설명이다. 주저할 것도 없이 당장 다음날 것으로 예약했다. 여행사 직원은 패스포드를 잊지 말고 가지고 나오라는 말을 강조하며 예약증을 끊어주었다.

7시에 마이애미 항구를 떠난 배는 낮 12시가 좀 지나서 바하마에 도착하였다. 정확히 말해서 우리가 상륙한 곳은 미국 플로리다에서 제일 가까운 그랜드바하마란 섬이다. 이 섬은 700개의 바하마 섬들 중에서 제일 큰 섬이란다. 안내원은 배에서 내린 관광객들에게, 바다 잠수하기, 보트 타고 바다 밑 구경하기, 해수욕하기, 그리고 루카야(Lucaya)라는 바닷가 휴양지로 가기 등, 이 중에서 하고 싶은 것을 택하라고 한다. 무엇을 한담? 수도인 나소에 가는 것까지는 아니더라도 바하마 주민들이 사는 집과 골목들이 있는 곳을 구경하고 싶었는데 온통 짠 바닷물에 몸을 담그는 일 아니면 뜨거운 햇볕이 내려 쬐는 바닷가에서 모래만 밟는 일을 하는 것이니 실망이다.

12월의 루카야 바닷가는 조용했다. 백색 모래사장 위에 서있는 키가 큰 야자수 나무들과 모래 위 햇빛에 누워있는 남녀의 쌍들이 드문드문 눈에 들어왔다. 이 사람들은 피서가 아니라 피한을 온 거구나. '윈터 히븐'(겨울 천국)이란 이름의 호텔을 마이애미에서 보았는데 정말로 이런 곳을

'윈터 히븐'이라고 하겠지.

　바닷가에 있는 쉐라톤호텔에서 엽서를 사서 딸들에게 편지를 썼다. 바하마 우표를 붙이니까 내가 정말 멀고 먼 딴 세상에 와 있구나 하는 생각이 들었다.

　바하마에서 돌아오는 뱃길, 갑판 위에서, 나는 마이애미에서 있었던 일이 마냥 머릿속에 되새겨졌다. 그 기적 같은 일이….
　지난 12월, 마이애미에 갔던 것은 나의 친구 남준이를 만나기 위해서였다. 남준이에 대한 두 번째 책을 쓰기 위해서, 그의 건강이 더 나빠지기 전에 만나야겠다는 생각으로 마이애미 행을 계획했던 것이다. 겨울동안 뉴욕의 추위를 피하기 위해서 매년 마이애미로 가서 겨울을 지내는 그의 마이애미 생활도 볼 겸, 그래서 그에게 전화를 걸어서 내가 간다는 약속을 했던 것. 얼마 전, 한국에서 찾아간 기자에게 "이경희를 만나고 싶다"고 한 백남준이 말이 기사로 난 것을 보고 더 서둘러 마이애미로 갈 생각을 한 것이다. 백남준이 내가 묵을 호텔까지 일러주었기에 그가 얼마나 나를 기다릴까 하는 생각만으로 마이애미에 도착했다. 그런데 그의 집으로 거는 나의 전화를 받는 사람이 없었다. 저녁 늦게까지도 내가 거는 전화 벨소리만 들릴 뿐 응답의 목소리는 들리지 않았다. 순간 느껴지는 것이 있었다. "그녀가 나의 전화인 것을 알고 받지 않고 있구나!" 서울에서 떠나기 전에 팩스로 나의 도착을 상세하게 보낸 것을 그녀가 남편 남준에게 전하지 않았음을 알았다.

그날 밤, 나는 주기도문을 외우며 마음의 평정을 찾으려 노력했다. 서울에서 그 먼 마이애미까지 마음먹고 갔는데 그 기대가 참담하게 무너진 것을 알았을 때, 그럴 때 할 수 있는 것이 오직 기도문 외우는 일밖에 없었다. 독실한 신자도 아니면서 그럴 땐 기도문을 외우다니ㅡ. "하늘에 계신 우리 아버지, 아버지의 이름이 거룩히 빛나시며 … " 처음에는 입 속으로 외우다가 나중에는 크게 소리를 내어 외웠다.

다음날 아침, 나는 길을 가다가 남준이를 만났다. 참으로 기적 같은 일이 일어난 것이다. 그것은 이렇게 된 일이다.

나의 호텔 가까이에 바다가 있었다. 아침에 일찍 호텔을 나와서 바닷가에 나갔다. 남준이를 못 만나게 되었다는 어젯밤의 난감했던 생각이 가시고, 모든 것을 포기하고 나니까, 신기하게도 바다를 바라보는 나의 마음이 평온해 있있다. 카메라를 꺼내서 바다 사진을 찍고는 산책을 하기 위해서 걸었다. 무심코 길 건너 노천카페 옆을 지나가고 있는데 뒤에서 무슨 소리가 들렸다.

한 사내의 목소리. 나를 부르는 것 같았지만 정상적인 목소리가 아니어서 어떤 녀석이 장난으로 나를 부르는 것으로 알고는 그냥 지나쳤다. 그런데 다시 같은 목소리가 들렸다. 그러자 이어서 옆에서 말리는 것 같은 다른 사람의 목소리가 들렸다. 장난치지 말라고 말리는 것 같은 소리로 들려서 마음이 좀 놓였는데 그때 더 큰 소리가 들렸다. 그것은 분명 나를 부르는 목소리였다.

나는 목소리 나는 뒤를 돌아보았다. 사실, 생각하면 얼마나 웃기는 일인가. 내가 뭐 그렇게 젊다고 이 나이의 나를 어떤 녀석이 유혹하는 것으로 생각하고 겁을 내고 그냥 지나가려 했으니 착각을 해도 이만저만이 아니다.

뒤돌아본 그곳에는 여자가 앉아있었다. 백남준의 부인 시게코 씨였다. 그리고 그 옆에는 바로 남준이가 앉아있는 것이 아닌가.

꿈만 같은 일! 나는 잠시 그 자리에 서서 남준이 얼굴을 확인하였다. 거기엔 남준이가 앉아있었다. 그를 만날 생각을 거의 포기했기 때문에 마음 편히 산책을 할 수 있었던 것인데 그런 나를 카페에 앉아있던 백남준이 보고 불렀던 것이다. 옆에서 말리는 소리가 들리지 않았던들 내가 뒤돌아볼 수 있었을지?

"언제 마이애미에 왔어요?" 시게코씨가 나에게 물었다. 나는 전화가 되지 않았던 일을 말했다. 그러는 동안 남준이는 나의 얼굴을 쳐다보며 소리를 질렀다. 무언가를 나에게 말을 하고 있는 것인데 그것은 말로 들리지 않고 소리를 지르고 있는 것같이 느껴졌다.

시게코 씨가 말을 한다. "당신이 와서 그래요. 이 사람이 흥분을 하면 소리를 질러요. 의사가 흥분하는 것이 제일 안

좋다고 해요. 심장 혈관이 파열이 되기 때문에 아주 조심하라고 하는데 이렇게 흥분을 하고 있으니." 그러는 동안에도 남준이는 계속 내 얼굴을 쳐다보고는 괴성을 낸다.

덥석 겁이 났다. 이렇게 소리를 지르다가 심장혈관이 파열되는 것이 아닌가 하고—. 나는 급히 그에게로 가서 그의 머리를 감싸 안으며 말했다.

"이제 고만해. 내가 왔지 않아? 이렇게 내가 왔지 않아?" 필사적으로 그렇게라도 해서 그의 흥분을 가라앉힐 수밖에 없었다. 그 순간 갑자기 남준이는 나의 꼬옥 감싸 안은 두 팔에서 머리를 빼내고는, 입을 크게 벌리고 하늘을 향해 더 크게 소리를 지르는 것이었다. "아아아아아아—!" 그것은 소리가 아니고 절규였다. 손바닥으로 나는 하늘을 향해 절규하는 그의 벌린 입을 꽈악 눌렀다. 소리를 못 내게 하기 위해서는 그럴 수밖에 없었다. 그의 두 눈에서 반짝이는 것이 보였다. 시게코씨도 옆에서 남준이가 소리를 지르지 못하게 필사적으로 큰 소리로 말한다. "남준! 이렇게 소리를 지르면 이 집에서 더 이상 오지 못하게 할 거야."

얼마 만에 남준이는 조용해져서 나는 자리에 돌아와 아침식사를 주문하고, 그들은 이미 주문한 샐러드와 계란 프라이가 나온 것을 먹었다. 우리의 테이블은 평온을 찾았고 대화가 정상적인 목소리로 시작되었다.

"어느 호텔에 묵고 있어요?" 시게코 씨가 묻는다. "비치 플라자 호텔이에요. 바로 요 근처입니다."

그때 남준이가 입을 열었다. "아―, 내가 말해준 호텔? 고맙습니다. 고맙습니다." 비치플라자는 전화로 그가 말해 준 호텔이름이다. 그의 집 가까이에 있는 호텔이니 거기에 묵으라고 해서 예약한 것. 그런데 '고맙습니다.' 라니, 그가 왜 나에게 고맙다는 건가. 고마우면 내가 고마운 것이지. 자기가 일러 준 대로 그 호텔에 와서 묵고 있다는 것이 고맙다는 걸까. 흥분이 가라앉은 남준의 목소리는 완전히 정상으로 돌아왔다. 나는 올림픽미술관 개관 이야기와 더불어 그곳에 전시되어 있는 남준이 작품과 시게코 씨 비디오 작품의 사진을 찍어왔다는 얘기를 하였다.

시게코 씨가 마이애미에서 언제, 그리고 어디로 가냐고 묻기에 사흘 후에 쿠바로 간다고 하니까, "아, 쿠바! 내가 가고 싶어 하는 곳인데―." 해서, "우리 함께 가요." 했다. 그랬더니 남준이가 얼핏 말한다. "나는 못가. 나는 몸이 반신불수라서 못가." 진지한 얼굴로 "나는 반신불수라서 못가." 이렇게 되풀이해서 말하는 그의 얼굴은 너무도 심각하고 굳어있는 표정이었다. 가슴이 아렸다. 나는 화제를 바꿨다.

"지난번 뉴욕 스튜디오에서 가진 퍼포먼스, TV에서 봤어요. 신문에도 크게 났고, 아주 잘 된 것 같아요."

"응. 켄(백남준의 조카)이 하라고 해서 했어. 켄이 일을 잘해." 그때 나에게 퍼포먼스 소식과 함께 처음에는 오라는 연락이 왔더니 나중에 오지 말라고 해서 가지 않았다고 했더니, "누가?" 라고 말하다가 그냥 묻지 않고 만다. 그러더니 남준이가 나의 얼굴을 똑바로 쳐다보며 말한다.

"옛날과 똑 같아." 갑자기 그게 무슨 말인가 해서, "뭐라구?" 하고 되물었더니, "어렸을 때와 똑같아, 경희—."라고 같은 말로 반복한다.

"내가 예쁘다구?" 어려서 남준이 집에서 나를 예쁘다고 한 것이 생각나서, 나는 좀 뻔뻔스럽긴 했지만, 분위기도 바꿀 겸, 그렇게 반문했다. 그랬더니 남준이는 순진하게도 "응." 하고 대답한다.

남준이와의 대화가 길어지자 옆에 있는 시게코 씨가 신경이 쓰여서 중단하고 시게코 씨에게 말길을 돌렸다. "어제 전화를 여러 번 했는데 안계시더군요. 어디를 가셨었죠?" 그러자 갑자기 그녀가 흥분했다.

"당신이 내가 어디를 갔는지 굳이 알아야 할 이유가 무엇에요? 내가 당신에게 그것을 이야기해야 합니까?" 얼마나 황당한 공격이 쏟아져 나오는지—. 나는 할 말을 잊고 아무 대답도 하지 못했다. 그녀의 마음을 조금도 상하게 하고 싶지 않은 것이 나의 평소의 생각이고 또 이런 내 마음이 진정이기 때문에 지금까지도 잘 지내왔던 것이 아닌가. 그런데 지금의 그녀의 행동에는 감당할 길이 없었다.

그녀는 아침식사를 끝내지도 않은, 휠체어에 탄 채 앉아 있는 남준을 그대로 밀고 자리를 떴다. 기적 같은 남준과의 만남은 그렇게 끝이 났다.

"아. 남준의 마지막 모습이라도 남겨야지!"

나는 휠체어에 탄 남준의 뒷모습을 급히 따라가서 카메라에 담았다. 그리고는 생각했다. "이제 나는 마이애미에 온, 나의 목적을 다 해냈구나." 놀랍게도 그 순간, 나의 마음이 고마움으로 차있는 것을 알았다. 한국을 떠난 남준이가 35년의 세월을 잊지 않고 나를 기억해 준, 그런 어릴 적 친구 남준을 위해서 내가 할 수 있는 일은 그를 위해 기록을 남기는 일—.

첫 번째 책, '白南準 이야기'도 그렇게 해서 나왔다. 남준이가 나에게 그래주기를 원해서 시작한 일이지만 이제는 내가 고맙다. 남준이 같은 친구를 위해 글을 쓸 수 있다는 것이—.

바하마에서 돌아오는 뱃길. 갑판 위에서 긴 긴 시간 남준이 생각을 하는 동안 바다 위의 하늘이 캄캄해졌다. 별들만 보일 뿐 달은 없었다. 갑판 아래를 내려다보았다. 먹물같이 시커먼 바닷물이 배가 가르고 지나가는 자리에 흰 파도자락들이 솟아오르고 있다. 하늘과 바다가 분별되지 않는 어둠 속을 우리의 배는 행로만을 향해 속력을 다해 물결을 가르고 있는 것이 무척이나 미덥게 느껴졌다.

멀리 바다 위로 불빛이 보인다. 마이애미 항구의 불빛이었다.

(2005)

이경희의 작품평

글은 왜 쓰는가
— ≪뜰이 보이는 창≫을 읽고

김현 | 문학평론가

　이경희 씨의 ≪뜰이 보이는 창≫을 읽고 나는, 글은 왜 쓰는 가라는 문필가 본래의 문제와 다시 마주쳤다. 아름다운 삽화와 간단한, 그리고 생활주변에서 쉽게 얻을 수 있는 사건들에서 삶의 지혜를 찾아내는 그녀의 노련한 솜씨, 그리고 그녀의 애교 있는 여행담 같은 것을 충분히 즐길 수 있는 글의 마지막 장을 넘긴 후의 나의 맨 처음의 느낌은, 도대체 글은 왜 쓰는가 하는 것이었다. 왜 그러한 질문에 부딪치게 되었을까. 그녀의 무엇이 나로 하여금 그녀의 몽상적이고 동화 같은 세계 속에 그대로 침잠할 수 없게 만든 것일까. 그 글들이 재미없어서 일까. 아니다. 그 글들은 내가 볼 수 있었던 아름다운 수필들에 속한다. 여자 특유의 감수성과 직관력은 충분히 독자들을 글의 세계로 인도한다.

그렇다면, 그녀의 감수성과 직관력에 무슨 꺼림칙한 것이 있단 말인가? 천만의 말씀이다. 그녀의 글에는 한국여성 특유의 넋두리도 없고, 고요한 밤에 별빛을 바라보니 가슴이 울렁거린다 라는 따위의 사춘기적 몸부림도 없다. 한 가정을 지키는 주부의 애정 어린 입김이 그녀가 묘사하고 있는 모든 대상들과 인물들을 감싸고 있다. 거기에다가 서구라파의 어떤 국왕의 파티에, 초대장도 없이 돌입해 나간 것을 묘사한 글에서 볼 수 있듯이, 우아한 대담성까지 보인다.

-문학평론가 김현(金炫), ≪뜰이 보이는 창≫을 읽고 쓴 평(評)

중에서

이경희 연보

1932. 서울 종로구 예지동(禮智洞)에서 아버지 이호영(李鎬永)과 어머니 채중옥(蔡重玉)의 첫딸로 태어나 무남독녀로 자람.
1936. 예지동에서 동대문 밖 창신동(昌信洞)으로 옮김. 나의 어릴 적 기억은 창신동 집에서부터임.
1938. 명동성당 앞, YWCA 자리에 있던 애국유치원에 들어감. 비디오아트 창시자인 백남준(白南準)과 유치원 동창임.
1939. 서울교동(校洞)초등학교 입학.
1941. 창신동에서 종로2가 경성전기주식회사 종로출장소 사택(현 고려당 옆)으로 옮김. 당시 아버지가 경성전기(현 한전)에 근무했음.
1944. 폐문임파선염(肺門淋巴腺炎)으로 6학년 때 휴학.
1945. 다시 6학년에 복학했으나 제2차 세계대전 말기의 소개령(疏開令)에 의해 숙부가 사시는 강원도 철원에 가서 그곳 남(南)초등학교에서 공부함. 한 달만에 8·15광복을 맞아 다시 서울로 옴.
1946. 등교 길에 미국 진주군의 군용트럭에 치어 오른편 다리에 크게 골절상 입고 경전원에 입원. 수술 받고 2개월 만에

퇴원.

숙명여자중학교에 입학. 합격자 발표 즉시 다시 늑막염으로 경전병원에 입원하는 바람에 첫 수업에도 참석 못함.

1947. 숙명여중 개교 50주년기념음악제에 〈쿡쿠 왈츠〉와 〈호프만의 뱃노래〉 합창 지휘함. 이후부터 매주 월요일 운동장 조례 시 전교생 앞에서 애국가와 교가를 지휘함.

1948. 탁구선수로 대회출전 시작. 개성(開城) 원정시합에 출전했으나 1차전에서 패함.(3학년)

숙명여중 개교 51주년기념예술제에 명동에 있는 시공관에서 김유하(金有夏) 선생 안무의 군무(群舞) 〈비너스의 탄생〉에 파도로 출연.(파도는 비너스를 위해 뒤에서 출렁이기만 하는 눈에 띄지 않는 역임)

2년 연속 특대생으로 수업료 면제 받음.

1949. 전국학생 탁구대회 개인 복식 전에서 준우승함. 이는 나의 복식 파트너인 상급생 박명주(朴明珠) 언니의 실력으로 행운을 차지한 것임.

1952. 숙명여고 졸업.(부산 초량목장, 피난학교에서) 합창부를 이끈 공로로 졸업식에서 우등상과 함께 음악공로상 받음.

서울대학교 약학대학에 입학.

동갑인 남편, 오수인(吳壽寅)과 사귐(연희대학교에 다니고 있던 그는 나의 어머니 친구의 아들이었음)

1953. 서울 환도로 부산 피난지에서 돌아옴. KBS방송 「스무고개」 고정박사로 출연(대학 2학년). 그 후 「재치문답」, 「나는 누

구일까요」 등 라디오와 TV 프로에 근 20년간 패널로 출연.

1956. 약학대학 졸업. 약사고시 국가시험 합격. 한국농약(주)에 입사. 폐결핵으로 10개월 만에 사직함.

1957. 4월에 오수인과 약혼하고 9월에 결혼. 승온(承溫), 승신(承信), 승현(承炫), 승민(承玟), 딸만 넷을 낳음.

1966. 종로5가에 삼호미싱자수학원 설립.(교육사업이란 명분으로 설립했으나 경제적 이유가 더 컸음)

마닐라에서 열린, 여성지위향상 제1회 UN세미나 참가.

1968. 호놀룰루에서 열린 제11차 PPSEAWA(범태평양동남아세아 여성협회) 총회 참가.

1970. 제1회 담수회전(淡水會展)에 유화 7점 출품.

첫 수필집 《산귀래(山歸來)》 출간(석암사)으로 문필활동 시작.

1972. 브뤼셀에서 열긴 제4회 국제도서박람회에 한국출판협회 대표로 참가(한국에서 처음으로 참가한 국제도서박람회임)

두 번째 수필집 《뜰이 보이는 창》 출간.(초판 석암사, 재판 대원출판사)

제2회 담수회전(신문회관)에 유화 6점 출품.

영문일간지 코리아헤럴드에 매주 고정칼럼 집필(만3년)

1973. 세 번째 수필집 《현이의 연극》 출간.(현암사)

수필 〈현이의 연극〉이 중학교 국정국어교과서에 수록됨.

코리아 헤럴드에 실린 칼럼과 수필을 모아 《Giant of A Man He Was》(그는 하나의 거목) 출간.(금연재)

1974. 아르헨티나 부에노스아이레스에서 열린 BPW(전문직 여성 클럽) 제14차 세계총회에 참가.

남미이민교포 취재를 위한 남미 국가를 일주한 후, 카리브해 연안국가인 도미니카공화국과 아이티를 여행함.

타이베이에서 열린 아세아지역 ZONTA총회에 한국대표로 참가.

1976. 두 번째 영문칼럼 및 수필집 ≪The Little Sky≫(작은 나의 하늘) 출간.(대원출판사)

프랑크푸르트에서 열린 국제도서전에 한국출판협회 대표로 참가.

1977. 스케치 기행 ≪남미의 기억들≫ 출간.(열화당)

수필집 ≪봄 시장≫ 출간.(금연제)

시드니에서 열린 제41차 세계PEN대회 참가.

1978. 우정의 사절로 미국 몬태나 주(州)의 에이본과 보즈맨에서 민박을 하며 친선교류 여행을 함.

1979. 뉴델리에서 열린 아세아작가세미나 참석.

귀국길에 인도의 전통꼭두극(인형극)과 구라파의 현대꼭두극 현장을 돌아보고, 한국의 미개척분야인 꼭두극예술을 한국에 소개하고, 전문화시키기는 일에 열중하느라고 문필활동에 10년 이상 공백기를 가짐.

1979. 범우에세이문고 ≪멀리서 온 시집≫ 출간.(범우사)

1980. 한국을 UNIMA(유니마, 국제꼭두극연맹) 회원국에 가입시키고 UNIMA 한국본부 설립. '어릿광대'라는 이름의 꼭두

극단 창단. 꼭두극 '양주별산대' 제작. 국내에서 처음으로 마리오네트 꼭두극 공연.(소극장 공간)
1981. 계간 『꼭두극』 발행.
1982. 프랑스 렌느 전통예술제에 민속극단 남사당을 인솔하고 공연 참가 후, 이태리, 덴마크, 프랑스 등 순회공연 가짐.
1984. 동독의 드레스덴에서의 열린 제14차 유니마 총회에서 국제이사로 선출됨.
드레스덴 국제꼭두극 페스티벌에서 '사물놀이'와 함께 꼭두극 '양주별산대' 공연. 이는 한국 최초로 공산국가에서 가진 공연임.
그후, 유고슬라비아의 루브리아나(1986년, 1992년) 등에서 역시 꼭두극 '양주별산대' 공연을 갖는 등, 자신이 생각해도 도깨비 같은 짓을 하며 글과 관계없이 오랜 시간 외도를 했음.
1994. 이미 출간되었던 두 권의 영문 수필집에서 선정하여 ≪Back Alleys in Seoul≫ 출간.(신영미디어)
1995. 노르웨이 스타방에르에서 열린 ICOM(국제박물관협회) 총회 참가.
멕시코 가달라아라에서 열린 제49회 세계PEN대회 참가.
2000. 천재예술가 백남준과의 어릴 적 이야기와, 35년 만에 한국에 돌아온 후의 이야기를 엮어 ≪백남준 이야기≫ 출간.(열화당)
제9회 리용 댄스 비엔날레(Biennale de la Dance de

Lyon)와, 제10회 리용 댄스 비엔날레(2002년)에 취재기자로 초청됨.
2001. 선우명수필선 ≪외로울 땐 편지를≫ 출간.(선우미디어)
2006. 1월 29일 마이애미에서 타계한 백남준을 잊지 않기 위해서 백남준을 기리는 사람들'(백기사) 모임을 창립. 국악인 황병기 선생과 함께 공동대표로 됨.
2009. 1994년 11월부터 2008년 6월까지 12년 8개월 동안 월간 『춤』지에 연재한 기행수필 중에서 53편을 선정해서 ≪李京姬 기행수필≫ 출간.(열화당)
2011. 백남준에 관한 두 번째 수필집 ≪白南準, 나의 유치원친구≫ 출간.(디자인하우스)
현대수필가 100인선 ≪세계를 떠돈 어릿광대, 나의 젊은 날의 삶≫ 출간. (좋은수필사)
2014. 선우명수필선 ≪외로울 땐 편지를≫ 개정판 출간. (선우미디어)
국제PEN클럽, 한국문인협회, 한국수필가협회, 한국여성문학인회, 숙란문인회에 이름을 두고 있음.

≪백남준 이야기≫로 현대수필문학상 받음.
≪이경희 기행수필≫로 제3회 조경희수필문학상 받음.
자랑스러운 숙명인상 받음.